# 「勝ち組」異聞

## ブラジル日系移民の戦後70年

深沢正雪 著
（ニッケイ新聞社編）

無明舎出版

# 「勝ち組」異聞◉目次

## 用語解説

パ紙＝パウリスタ新聞
サ紙＝サンパウロ新聞
伯国＝ブラジル
伯字紙＝ブラジルの新聞
邦字紙＝日本語新聞
聖州＝サンパウロ州
聖市＝サンパウロ市
植民地＝日本人集団地
コロニア＝日系社会
ポ語＝ポルトガル語
ジャポネース＝ブラジル人は日本人、日系人を含めてこの言葉で表現する
コムニダーデ＝コミュニティ
ニッポブラジレイロ＝日系ブラジル人
DOPS＝政治社会警察。日本でたとえれば戦争中の特高課のような存在

# 「勝ち組」異聞——ブラジル日系社会の戦後70年

# まえがき

ブラジル最大手出版社アブリルの人気月刊誌「スーペルインテレッサンテ」は、日本でいえば「ムー」のような刊行物だ。UFOや宇宙人などの不思議系から硬派な歴史モノまで、インパクトのある素材をテーマにしている。その2014年4月号は「秘密結社特集」で、KKK、フリーメイソン、オプス・デイ、イルミナティなどと並んで、勝ち組の最大組織「臣道連盟」が2ページにわたって、おどろおどろしく紹介されている。

世界的にみて「臣道連盟」という組織はまったく知られていない。日本人ですら、ほとんど知らないにも関わらず、ブラジルの雑誌では定番アイテムになっている。70年も前のできごとが、ブラジル社会にとほうもなく強い印象を残したことが分かる。

まるで「サンパウロの都市伝説」のように、今でも不可解で不気味な存在として、日系社会の裏側でこっそりと続いているように扱われている。本国ではほぼ関心を持たれていない日本移民の歴史が、いかにブラジル近代史に組み込まれているかを象徴する逸話だ。

一方、日系社会では、戦後70年が経った今ですら「私は勝ち組だった」と語る本人や、「僕の父親は臣道連盟だった」と胸を張る息子の言葉を聞く機会はほとんどない。終戦直後の日系社会の7割以上が勝ち組だったと言われているに、だ。「私は勝ち組だった」と言える雰囲気が、70年経っ

秘密結社特集をした「スーペルインテレッサンテ」2014年４月号

SUMÁRIO

POR DENTRO DAS
SOCIEDADES SECRETAS

6 INTRODUÇÃO
Sociedades secretas sempre foram muitas e as mais variadas.

10 MAÇONARIA
A influente rede internacional começa a abrir suas portas.

18 ILLUMINATI
A mais poderosa organização subterrânea que já existiu.

20 ROSACRUZ
A irmandade mística que prega a busca do conhecimento.

22 TEMPLÁRIOS
Os cavaleiros de Cristo que viveram entre o céu e o inferno.

28 ASSASSINOS
Hassan bin Sabbah, o primeiro terrorista islâmico da história.

30 CÁTAROS
Os hereges que foram queimados vivos na Idade Média.

32 OPUS DEI
O grupo da Igreja Romana que prefere viver nas sombras.

38 KU KLUX KLAN
Ela está viva! Conheça a nova cara do racismo americano.

46 THULE
A sociedade que cultuava a suástica bem antes de Hitler.

50 MÁFIAS
As tradições da japonesa Yakuza e das Tríades Chinesas.

56 SHINDO RENMEI
O terrorismo japonês que apavorou São Paulo nos anos 40.

60 CONSPIRAÇÕES
Organizações de gente rica que planejam controlar o mundo.

62 SKULL AND BONES
A misteriosa sociedade secreta de Bush pai e Bush filho.

同号の目次56ページに「SHINDO REN-MEI」の文字

た今もない。それだけ同抗争に関する日系社会のトラウマが深く、今もって癒えていない。あるいは、終わっていないといえる。

　つまり、この勝ち負け問題は過去の話ではない。いまも続いている。だから今世紀に入って、戦争前後の日本移民迫害に関するブラジル政府への歴史見直し請求などが、子孫によって行われるようになった。時間が経った今だからこそ、もう少し客観的な評価ができないかと考えて、数年前から関連する連載を書き始めた。それをまとめたのが、この本だ。

　ひるがえって日本ではどうだろうか。日本の近代史にブラジル移民の存在は、しっかりと刻まれているだろうか。たとえば、なにげなく日本で使う「勝ち組」「負け組」という言葉が、もともとは終戦直後にブラジルの日系社会で使われていたものだと知る人は、どれだけいるのだろう。ブラジルでの知名度に比べて、日本での認知度の低さは、あまりにチグハグだ。

とはいえ、勝ち負け抗争を扱った作品はいくつかある。たとえば『火の鳥』『ブラック・ジャック』などの数々の傑作を発表し、存命中から〝マンガの神様〟と呼ばれていた天才漫画家・手塚治虫（1928―1989年）。彼が残した未完の絶筆『グリンゴ』（1988年、小学館）には、この本のテーマである「勝ち負け抗争」からインスピレーションをえた、架空の村が描かれているのをご存じだろうか。

しかも、主人公名は「日本人」と書いて、「ひもと・ひとし」と読ませる。手塚治虫は全集のグリンゴ編あとがきに、こう書いている。《日本人そのものを見つめなおしてみる、ということで、タイトルもずばり「日本人」ということにしたい。日本人はなにかということを、みつめてみたいんです。日本人という民族はいったい何なのか、あるいは日本人というアイデンティティは何かというものを問いただしてみたい。内容は、まだはっきり決まっていないんですが、南米移民の話を描こうと思ってるんです》

つまり、南米移民と、日本の日本人を象徴させた商社マンとの関係をとおして、日本人のアイデンティティとはなにか、を描こうとした作品だ。

手塚治虫は1984年に国際交流基金の招待でブラジルを訪問している。『グリンゴ』の掲載開始は1988年だから、4年間ほど温めた上で発表したことになる。

圧巻なのは第3巻目の第11章「東京村」、第12章「勝ち組」、最後の第13章「奉納大相撲前夜」と続く、手塚治虫の絶筆となる部分だ。

アマゾンと思しきジャングルの中のインディオ村落を通って国境付近の山越えをした後、不思議な村に遭遇する。

野宿した場所で朝めざめたら、いきなり目前に「鳥居」が登場し、《南米の辺境の地にいる日本人のコロニーでは、太平洋戦争で日本が勝ったと勘違いした連中と、敗戦と聞いた連中が、勝ち組と負け組に分裂して反目していたとか……この村は勝ち組の一つか！》と独白する場面から始まる。

第12章の勝ち組「東京村」では、我々のような邦字紙をモデルにした「聖戦日報社」という新聞も登場する。今も太平洋戦争が続いており、日本が優勢であると報じ続けている。まさに勝ち負け抗争時代には、そのような雑誌や新聞が日系社会には実在した。

「勝ち負け抗争」とは、終戦直後、日本の敗戦を認めたくない移民大衆「勝ち組」が、ブラジル政府と組んで力づくで「勝ち組」に敗戦を認識させようとした「負け組」と、血みどろの争いを演じた特異な事件だ。

その結果、日本人同士が争って20数人の死者、数十人の負傷者を出すほどの殺し合いを演じた。終結するまでに10年近い歳月が必要で、今にいたるも日系社会にはそのトラウマが残っている。

手塚治虫はその抗争には、日本人の本質的な部分が隠されていると考えたはずだ。だから、その抗争からインスピレーションをえた〝東京村〟を通して、日本人意識をえぐりだそうとした。

「日本人」という民族を観察するのに、移民をその試験台に活用できるのではと常々思っている。

私の前任者・吉田尚則元編集長からは「移民は壮大な民族学的実験だ」と聞かされてきたことも影響している。

そこで思いついたのは、生物学の観察手法でよくある、プレートに培地を作ってそこに細菌の群生を移植し、どの菌がどのように増えるかをみる実験手法だ。「移民」という特殊な社会は、本国のある特定の一部を切り出して、外国という培地に植えつけた細菌群と似ていると思う。移民は本質的に本国のある部分を、少々誇張した形で映し出す鏡だ。

つまり、日本社会の一部をすくい出して、ヨーロッパ文明を基調とした文化を持つ「ブラジル」という培地に植付けて100年がかりで培養する中で、「日本人」という種が、どのように振る舞うのかを経年観察する――という行為が、ブラジル日本人移民史ではないかと思い至った。

その日本人という菌は、日本社会という母体にどんな想いをいだきつつ、どうブラジルという培地に根付いていくのか。その過程を、一つ一つ解き明かしていくのだ。「日本人」という菌は、培地にもともとあった圧倒的に優位な菌「ブラジル人」と格闘をくりかえして、自分のDNAをできるだけ保存しようとしていた。

一つの集団地で3千人という日本人がまとまって住んでいたところがいくつもあった。当然、日本語ばかりで、日本の村そのもののような住環境を作っていた。小さな集団地でも、少なくとも20~30家族は一緒に固まっており、その中は、「日本の飛び地」といえる環境だった。

そんな日本人が徐々に外国人になっていく、この壮大なグラデーションが110年の間にブラジルの大地には描かれている。日本人移民が代をかさねて子孫を増やすことは、「日本人がだんだんと外国人になっていく」という生活実態だった。

その大きな変わり目が、終戦だった。直接に日本とは交戦しなかったブラジルだが、日本が敗戦で焼け野原になり、移住者は帰ろうにも帰れなくなった。そのことで、決定的な転機が訪れた。ほとんどの戦前移民は「デカセギ」だとおもって、永住の覚悟をしていなかったからだ。結果的にそうなってしまったのだ。

「5年、10年したら日本へ帰る」と考えていた戦前移民は、ブラジル生まれの子供にも「日本に帰っても恥ずかしくないように」と日本語だけを教えた。移民たちは「金のある木がブラジルには生えている」とのブラジル移住の宣伝を真に受けてきたが、実際は財産を貯めるどころか、10年経っても帰国旅費すらたまらない生活が待っていた。そして、気が付いたら世界大戦の勃発――。

普通、日本の日本人は自国領土の中で、気がついたら「日本人」に育っている。しかし、移民子孫は自分が生まれて国籍も持っているブラジルを〝異国〟だと親から教え込まれ、「日本人になろう」と懸命に努力した。その結果、日本とは違う独自の「日本人」アイデンティティを育んできた。

移民心理だ。そこには、「日本人アイデンティティ」と「ナショナリズム」「エスニック意識」の民族的な実験ともいえる苛酷な現実があった。

「5年で帰れる」と思って日本を離れ、10年、20年経っても帰れない辛さが、日本の日本人に想像できるだろうか。「郷愁」という概念は、セピア色のロマンチックなものではない。それは明確に「精神病」だった。そんな帰るはずの祖国に帰れない落胆のひどさが、勝ち負け抗争の背景にはあった。

それを日本政府は「せっかく口減らしで海外に出したのに、いまさら国内に戻したくない」とでも考えたのではないか。抗争をほっておいた結果、勝ち負け抗争は長期化した。

日本の日本人は「国際化」という変化を、ゆっくりと主観的に自分の国の中で体験しているから、あまり実感をもって分かっていない部分がある。でも、ブラジル日系社会では強烈なスピードで現地への同化が進んでいる。

グローバル化が進んで国境を越えて人やモノの移動が激しくなった現在、むしろ日本の日常は、かつての日本人移民のそれに近づいている。国内に住んでいても世界情勢について考える場合はもちろん、時には近所の出来事を理解するのにも「外国人理解」が必要な時代になってきた。中国人、韓国人への排斥スピーチはもちろん、ネット上でプチナショナリズムが広がり、外国人排斥的な書き込みがたえない。

戦争前後の同胞社会は、周囲を取り囲む非日系ブラジル人に対して実に閉鎖的だった。その時代の雰囲気を感じさせるものが今の日本にはある。

そう思えば、手塚が戯画化しようとしたのは、世界において意識がガラパゴス化しつつある日本社会。それを〝東京村〟にたとえたのでは？――そんな気がしてならない。

日系社会の歴史の中で、最も特異な事件が「勝ち負け抗争」だ。それを詳しく知ることで、日本の日本人にとっても、ナショナリズムとは何か、エスニック意識とは何かを知る助けになると思う。

なお、日系社会の碩学・中隅哲郎氏、サンパウロ人文科学研究所の宮尾進元所長ら故人から大きな発想の原点をもらい、自分なりに膨らませた。日系社会の先人諸氏に心から感謝を捧げたい。

# I 「勝ち負け抗争」の流れ

## 先入観

第2次世界大戦の終戦をめぐって、ブラジル日系社会では、日本の敗戦を信じたくなかった「勝ち組（信念派）」と、早々に敗戦を悟った「負け組（認識派）」が血みどろの争いを起こした。

それに関して、日本でもおりおりに新聞報道され、テレビ番組が作られてきたが、多くは「勝ち組」＝「テロリスト」、「臣道連盟」＝「狂信者」というニュアンスを持っている。基本的に、勝ち組が一方的に負け組を殺害したかのように描かれる。邦字紙で20年余り記者をする中で、その視点に対し、つねづね疑問をもってきた。

勝ち負け抗争の流れをおさらいする前に、「一般的にはこのように見られてきた」という記述の代表的なものを紹介したい。

最近のものでいえば、人気漫画家・小林よしのりの『新戦争論1』（2015年1月）で勝ち負け抗争について書いた章を読み、幾つか疑問を感じた。たとえば勝ち組による溝部事件と脇山事件を説明する描写に続いて《暗殺された者は、記録にあるだけでも23人を数えた》（364頁）と勝ち組だけが殺傷事件を起こしたかのように書く。

戦後を代表するジャーナリストの一人、大宅壮一もそうだ。彼が1954年8月にブラジルへ取材に来たときに見聞きした話が、『世界の裏街道を行く』南北アメリカ編（1956年・文藝春秋新社）に書かれている。道案内したのは、負け組の急先鋒パウリスタ新聞の面々だった。そのため、そちら側に偏った見方が大宅壮一に伝えられたようだ。

いわく、終戦目前の1945年1月ころ、上海や香港で円が暴落、百円札が6、7円の価値になったのに目を付けたユダヤ人が買占め、ブラジルに持ち込んで祖国不滅を信じ込んでいる移民に売って大もうけをした。

全部売り切らないうちに日本が無条件降伏して、紙くず同然に。《これをゆずり受けた日本人ボスが、売るために考案したのが、〝日本は勝った〟という宣伝である》と「勝ち組」が生まれたきっかけを、おどろおどろしく説明する。

「勝ち組」指導者は青年をあつめ、こう説いた。

《「日本が負けたなどというのは、アメリカの謀略で、日本人でいてそういうことをいいふらすのはアメリカの第五列（編注＝スパイのこと）である。今や祖国の青年たちは弾を抱いて敵艦に体あたりをしているが、ブラジルにおける諸君の神聖なる義務は、この国賊どもに天誅を加えることだ。諸君が身を挺してこれを決行するならば、その功績はさっそく日本政府に伝えられ、やがて金鵄勲章となってかえってくるであろう」

この目的を遂行するために組織されたのが〝臣道連盟〟（注＝勝ち組最大の組織）である。そこでかれらは〝負け組〟のリーダーと目されている人々のブラック・リストを作成し、斬奸状（注＝悪人を切り殺す理由を書き記した書状）を送りつけ、手わけしてこれを襲撃した。そのやり方は「五・一五事件」そっくりで、二言三言話した上、〝問答無用〟といって、ピストルをぶっ放したのである。

かくてたちまち二十人ばかりの生命が失われた。こうなるともう〝勝ち組〟の天下で、〝負け組〟の方はシュンとして、ものをいわなくなった。これにつれて百円札も次第に値上がりして、最高三百五十円くらいになった。〝負け組〟に属しているのは主としてインテリで、「敗戦の現実を認識せよ」と主張したので〝認識派〟と呼ばれている。〝勝ち組〟は「この認識野郎め！」といった調子でこれをののしっている。〝認識〟することがここでは悪徳になっているのだ。（24～25ページ）》

いったん有名人の口からそう語られはじめると、先入観として定着してしまう。

同じパウリスタ新聞の人脈をたどって取材をした『狂信』（高木俊朗・朝日新聞社・1970年）も日本で出版された。このように負け組側からの言い分「勝ち組」＝「狂信者」が席巻している状況だ。

日系社会の側でも、負け組系のインテリが集まってサンパウロ人文科学研究所が創立され、その人材が中心になって『日本移民70年史』『80年史』という正史が編纂されてきた。そのため、そこで記述される勝ち負け抗争の基本的な路線は、「勝ち組は狂信的で、一方的に悪い」「認識派はかわいそうな被害者」というニュアンスであった。負け組系だった邦字紙も勝ち組の言い分を積極的に取材することはなく、彼らの声は抹殺された状態で戦後60年が過ぎた。

それに対して、勝ち組の声に耳をすませた形で書かれた移民史が、外山脩の『ブラジル日系社会百年の水流』（トッパン・プレス印刷出版・2006年・聖市）だった。10年余りの取材の結果として、「臣道連盟と一連の暗殺事件とは直接の関係はなかった」との結論を出した。

## 戦前戦中の精神状態

当り前のことだが、自国の居心地がよく、すばらしい生活環境がすべての国民に保障されていたら、だれも自分の国をでようとは思わない。

移民が生まれるには、「ここにいたら食べられない」「子供の未来がない」「人種差別や宗教迫害がひどい」などという、ある社会にはばひろく起きている飢餓や絶望が必要だ。その状況が、戦争や内戦などの、生死の境をさまよう極限状況であれば「難民」となる。

いずれにしても、そのような不幸な社会的な状況が「移住圧力」をうみ、より経済的に安定している裕福ではないかと思われる場所へと移民を送り出す流れをつくりだす。

だから、日本からのブラジル移住が本格化したのも1923年9月1日の関東大震災が大きなきっかけだった。震災被災者が多数でたことで、日本国内で海外移住の圧力が強まり、そこへ昭和大恐慌がおそった。

さらに翌1924年には、それまで最大の送り先だったアメリカが「排日移民法」を成立させる流れになる。移住圧力が高まるなかで、出口をふさがれた格好だ。日本政府は必至で送出し先を探す中で、ブラジルが急浮上した。この辺の流れを第2章「大宅壮一『明治が見たければブラジルへ！』の意味」で詳述している。

日本政府は最初、「大震災罹災者救済」という名目でブラジル向け渡航費補助を始めた。応募者が多数殺到したために、1924年からそれを本格化した。いわゆる「国策移住」の始まりだ。

そんな1925年からの10年間で、全ブラジル移民25万人の半数以上の13万人が渡った。その結果、〝移民の団塊世代〟ともいえる人口層を作った。この時代に、家長として一家を率いて渡ったのは、みな1900年前後の日清戦争から日露戦争にかけての軍国主義隆盛の時代状況に胸をときめかせて10代を過ごした世代だった。ここで〝明治の日本〟がブラジルに伝えられた。

戦前移民がもつ最大の特徴は、全20万人の85％が「デカセギ」のつもりでブラジルに渡っている点だ。5年、10年お金を稼いだら、日本に帰るつもりだった。

「ブラジルには金のなる木がある」という詐欺同然の宣伝で送りだされた日本移民の大半は、何年働いても錦衣帰郷するほどのお金がたまらず、それどころか帰国旅費すら工面できないものが多かった。まるで詐欺同然に地球の反対側に送り出されて、梯子をはずされたようなものだった。

しかも、戦前戦中のヴァルガス独裁政権は、国家主義政策をもって国民にブラジル人としての誇りを植付ける一方、外国人移民、なかでも枢軸国移民を迫害した。その裏には、アメリカ政府からの日本を敵視するプロパガンダがあった。

例えば、ヴァルガス大統領は1934年に、事実上の日本移民入国制限法である「外国移民二分制限法」（1934年）を施行した。その後、1937年に独裁政権となり、強権を強めた。その勢いで「14歳以下の子供への日本語教育禁止」政策を実施し、1938年12月には「全日本語学校の閉鎖」を命令した。
その国家的な雰囲気のなかで、見かけ上区別しやすい日本移民はよい標的にされ、警察からもイジメられた。外国人移民への抑圧が高まる中で、帰国したいのにできない、そんな状態が続いた。

ブラジルに国家主義が高まる中、日系社会では、日本政府が先導して日本のナショナリズムを子どもたちに植え付けようとしていた。外務省は教員を日本から送り込んで、日本国内と同じ様な教育を与えた。移住先国家におけるナショナリズムの対決だ――。その対立の最前線にいたのが、移民であり、二世だった。

パウリスタ新聞が1958年に刊行した『コロニア五十年の歩み』には、「コロニアの文部省日本人文教育普及会」（89頁）との小見出しが踊る。1937年当時のことを説明した文章で、《当時、文教普及会といえば、四百校以上もあったコロニア教育界の元締で、各地方には主事をおき部会を設けて、ブラジルの国法に触れない程度で日本語教育を唱導していた。読本をつくり、学校維持費はもちろん教員優遇費まで出して、指導、監督に当った最高機関で、いわば日本の文部省的存在であったわけだ》とある。

この組織は、1930年代後半には日本政府の息がより多くかかり官選的な機関となり、日語学校建築補助金や学校維持費（教員俸給が主）補助を行ない、多い時には総領事館からの補助金が年間数百万円にものぼっていた。
《日本から大使館付武官が来て、日本精神の高揚を説き、日語教育にも口出しした「移民養子論」とか「和魂伯才」とかわけのわからぬ愚論が横行したのもこの頃だ。とにかく、日本の国家主義的傾向とブラジルのそれがコロニアで激突した》（パウリスタ新聞社、1958年、『コロニア五十年の歩み』124〜5頁）

この流れで、1937年6月19日に市毛孝三総領事の呼びかけで、日本精神を二世大学生に教える「龍土会」が生まれる。アルゼンチン日本大使館参事官をやめてブラジルの海外興業株式会社（日本から移民を送り出す機関）の支店長をしていた宮腰千葉太を指導者にすえ、連続講演をした。そこで語られたのは、古神道を根底とした日本精神であり、戦前日本の国粋思想がそのまま広められていた。

そのような流れを受けて、太平洋戦争直前の1941年に生まれたのが「大政翼賛同志会」だった。前年に日本の全政党をたばねる形で生まれた大政翼賛会をまねてブラジルに作られた。これがのちの臣道連盟の前身になったと考えられる組織だ。

さらに、《この間につちかわれた「日本精神」とか極端な日本国粋主義の風潮は、ブラジル政府側の弾圧にも関わらず、むしろそのために却って、コロニアでは地下にもぐり激化されたといってよい。戦後の臣道連盟特攻隊事件など、その反動のあらわれとさえいえる。教普会の巡回図書や映画班或いは主事達の指導など、その後のコロニアの精神構造に対し、大きな影響を与えたか、はかり知れないものがある。戦後のコロニア未曾有の悲劇の母胎はこの辺に蔵せられていたのだ》（前同）

つまり戦前の時点で、戦後の分裂の芽がまかれていた。1941年8月の日本語新聞停刊、さらに同年12月8日の真珠湾攻撃で太平洋戦争勃発となり、移民たちはたとえ旅費が工面できても帰れない絶望的状況におちいった。

翌1942年1月にはリオでアメリカ主導の汎米会議が開催され、アルゼンチン以外は枢軸国に対して国交断絶を決議した。ブラジルも42年1月29日に「国交断絶」を宣言し、翌2月には日本人街だったコンデ街への第1次立退き令、日系企業や日系金融機関、大農場に資産凍結令を出し、抑圧を強めた。

移民たちは戦争が始まって帰る事ができないなか、42年7月の交換船で日本国大使ら外交官や駐在員だけ帰国し、移民たちは「置き去りにされた」という想いを強くし、「自分たちは棄民にされた」と思うようになった。

戦争中まで移民の大半は「日本が勝つ」と信じていた。終戦直後に負け組になるエリート層も同様にそう思っていた。だからエリート層が主導した日本人文教育普及会はこっそりと戦争中まで活動を続けていた。

しかし、アメリカ政府の指導のもと、ブラジル政府はコロニアの指導者階級に目をつけ、おもに1942年、43年ごろにスパイ容疑で逮捕して移民収容所や社会政治警察（DOPS）に収容し、一部には水責めなどの拷問までした。このように戦争中、コロニアの指導者や富裕層ほどブラジル官憲からイジメられた。10年、20年がかりで築き上げた会社や資産を問答無用に凍結され、「ぜったいにブラジル政府には逆らわない」という恐怖心を植え付けられた。

リーダー層は政府にたて突くことは絶対にしたくないと思っているにも関わらず、移民大衆は

「日本は勝つはず」と純朴に信じ続けている相反状態になった。農村部に多い教養のない一般市民からの差別や、警察からのイジメに対しても、勝ち組大衆は、「日本が勝てば仕返しをしてくれる。今に見ておれ」と耐える生活を続ける中で、「日本が負けた」ことを受け入れがたい集団的な極限心理に達していた。

ヴァルガス政権が独裁になった１９３７年から日本移民迫害の傾向は強まり、戦中の１９４３年７月８日のサントス強制立退き事件が一つの頂点になった。なんと24時間以内にサントス市内に住んでいた日本移民６５００人が強制的に退去させられた事件だ。とんでもない大事件であるにも関わらず、正史である『移民80年史』（全４５２ページ）にはわずか数行しか扱われていない。終戦から40年もたってから出版されたにも関わらず、政府批判になると自粛したのではないかと推測される。

逆に、サントス強制立退きの情景を詳しく描写した本を書き、終戦直後の１９４７年に出版した岸本昂一は、ＤＯＰＳから目を付けられ、その本を強制没収され、ブラジル国籍剥奪の上で国外追放するという刑事裁判まで起こされるという迫害を受けた。この事件があったために戦争中の日本移民迫害が、戦後になっても日本語ですら記述されることはなかった。この辺の事情は第７章「正史から抹殺されたジャーナリスト、岸本昂一」で詳しく書いた。

そのようにリーダー層が狙い撃ちされて抑圧される中、移民大衆は戦争中、純朴に日本の勝利だけを願い続けた。日本語新聞は独裁政権から強制停刊させられていたため、戦争中に日本語で聞けるニュースは短波放送「東京ラジオ」だけ。そこで聞ける「大本営発表」は、常に日本軍の活躍する姿だった。

戦争中、短波ラジオが聞ける受信機の所有は禁止されたが、こっそりと持っているものがかなりいた。真夜中の放送の内容を聞き取って回覧するもの、書き写したコピーを売るものまでいた。戦中にブラジル人から馬鹿にされ、差別される中で、「今に見ておれ。日本はきっと戦争に勝って、ブラジルに迎えに来てくれる」と思い込んで心の支えにしてきた。大本営発表は移民たちの心を躍らせるものだった。

当然、ブラジルの新聞も戦争報道をしていた。だが、連合国側に組していたブラジルは、米国側経由のニュースであり、東京ラジオとは内容が食い違っていた。そのため、ブラジルの報道は「アメリカのプロパガンダ」というのが同胞社会の中では常識として受け止められていた。

戦争中、ブラジル政府に対して恨み骨髄になっていた日本移民にとって、日本が戦争で勝ってブラジルまで来てくれることが唯一の救いとして期待が高まっていた。「日系社会のリーダー層はブラジル政府に恐怖」「移民大衆はブラジルに恨み骨髄」そんな相反した状況が、１９４５年８月15日の玉音放送を境に、リーダー層やインテリ層が負け組に、純朴な移民大衆が「勝ち組」に分かれることになった。

「日本が勝つはず」と移民大衆の大半が思っていることは、リーダー層にとっては恐怖だった。戦中の様なブラジル政府からの迫害を恐れて、警察などに積極的に協力して、一緒になって勝ち組を取り締まる側に回った。そのため、勝ち組と負け組の分裂が決定的になり、その感情的なしこりは現在に至るまで続いている。

## 勝ち負け抗争の発端

4年間にわたって東京ラジオだけの状態が続いた後、1945年8月15日に突然、無条件降伏をつげる玉音放送が聞こえてきた。日本国内にいた人たちは米軍の空爆を受け、薄々は負け戦に気付いていたが、直接の戦場にならなかったブラジルではまったく分からなかった。日本敗戦の実感が湧かず、玉音放送は「突然、無条件降伏した」に等しい違和感があった。日本では全面降伏しても、翌日から日常が送れた。でもブラジルにおいては、「敗戦」が何を意味するのかはっきり分からなかった。敗戦という言葉には、「日本がなくなる」「アメリカの一部になる」「天皇制がなくなる」という印象が強かった。「祖国が消失するかもしれない」という、とてつもない不安に襲われた移民大衆は、自分たちを指導してくれる権威筋を欲した。自分たちを捨てるように帰国してしまった日本の外交官に代わる権威筋として、戦争後半ごろから退役軍人に期待が集まり、「新しい日系社会の核」として在郷軍人を中心にした臣道連盟を形成するようになった。

とにかく、前日までの大本営発表と玉音放送のギャップがあまりにひどく、「負けたはずはない」という信念を持つ人が多かった。その心理的なスキマに入り込むように、終戦直後から一種の詐欺である「戦勝デマ情報」がとびかうようになった。この辺の「移民独自のナショナリズム形成」に関しては第3章「日本移民と遠隔地ナショナリズム」で詳述した。

東京ラジオは1945年9月10日をもって放送を中止したが、戦中から出回っていた「大本営発表」の聞き書きコピーの配布が止まることはなかった。とにかくそれらを震源地として、戦勝デマが自然発生して広がっていった。

デマ情報を信じたい心理的背景には、「日本の敗戦をみとめること」が、移民にとっては「帰る場所がなくなること」を意味していたことがある。つまり「敗戦を認めること」は「ブラジル永住」を意味した。「戦争が終わったら、日本へ帰る」ことを唯一の心の支えとして、辛い移民生活を我慢してきたものにとって、敗戦＝「帰る場所がなくなった」という話はとうてい呑み込めないものだった。自分の人生設計が根本から変わってしまう。だから、「いずれ日本に帰国する希望者」＝「敗戦を認めたくない」＝「勝ち組の大半」という図式になった。

日本戦勝を信じたい人々が集まって団体を作り始め、「臣道連盟」が最大会員数を誇る集団となって、秘密裏に会報を発行していた。その臣連の中心人物の話を第4章「身内から見た臣連理事長・吉川順治」として入れた。本人はスパイ容疑で戦争中に監獄に入れられ病気になり、臣連から離れたがっていたにも関わらず、「陸軍騎兵中佐」という肩書ゆえに、理事長に担ぎ上げられてしまった不幸な人物だ。

終戦2カ月後には、戦勝国・日本からブラジル移民への出迎えの船が来るというデマが立った。負け組は地方を回って、「時局説明会」を開催して、敗戦を認識させる運動をしていたから「認識派」と呼ばれるようになった。だが、圧倒的な多数は日本に帰国するつもりだったから「勝ち組」となり、その運動はなかなか広まらなかった。

この認識派の多くは、戦争中にブラジル官憲から資産凍結、監禁や拷問にあった層だ。だから日本戦勝を信じる「勝ち組」の動きが、ブラジル政府から反政府運動として見られ、再び自分達が痛い目にあうのではないかという恐怖が広がっていた。

認識派は、運動が進まないことにしびれを切らし、1945年10月に日本大使館の代理業務をしていたスウェーデン大使館経由で受け取った英文の「終戦伝達趣意書」を日本語に翻訳し、日系社会の代表者7人が連名で署名をし、コチア産業組合などのネットワークを通して、集団地に配布した。これが、勝ち組の強硬派の逆鱗にふれた。ほんの2、3年前まで一生懸命に子供たちに日本語や日本精神の普及をしていた団体「ブラジル日本人文教普及会」の役員が、手のひらを返したように「終戦伝達趣意書」に名を連ねていたからだ。

勝ち組強硬派は、署名した人物を裏切り者とみて「責任をとらせる」といきり立った。そんな1946年正月にサンパウロ州の奥地ツッパンで日の丸事件が起きた。これが、事実上の勝ち負け抗争のほったんだ。日本人が新年祝賀会をしているところに、ブラジル人の警察官が踏み込んだ。「そこに掲揚されていた日の丸を署にもちかえって、汚れたブーツを拭いたのを見た」という日本人目撃者がでた。それを確認するために、日本語学校にいた青年ら7人が警察署におしかけたが、その場で全員逮捕されたという事件だ。警察を舞台にナショナリズムの集団的な対決が最初におきた。

その後、負け組要人の妻が「日の丸、日の丸という人がいるが、私のまたぐらに当てれば、いくらでも作れる」と言ったという噂話や、「皇后がマッカーサーの妾になったなどの失礼な流言を負け組が飛ばした」との話が広がり、「負け組の指導者に責任をとらせるべき」と勝ち組強硬派が躍起になった。

そして最初の殺人事件が起きた。1946年3月7日にバストス移住地で起きた溝部幾太殺害事件だ。戦前の日本人文教育普及会やリーダー層が転向したことに対する強い反発が、勝ち組にはあった。負け組は人数が少なく、コロニアの圧倒的多数は勝ち組だった。手勢のない認識派はポルトガル語が達者だったものが多かったこともあって、自然と官憲とのつながりを深めた。

勝ち負け抗争の本当の原因は、「戦前戦中からの日本人差別」にあった。終戦後に、日本人差別への反抗心を「日本は勝ったはず」と思うことで押し通そうとした勝ち組に対して、官憲からの弾圧を恐れたのが負け組という基本構図があった。

## 相互の攻撃で激化する抗争

バストスに続いて2件目の殺人事件、1946年4月1日の野村忠三郎殺害事件をうけて、翌2日から臣道連盟幹部の一斉検挙が行われた。中隅哲郎著『ブラジル観察学』（239〜240ページ）によれば、「一九四六年三月七日の溝部幾太（バストス産業組合専務理事）殺害、同四月一日の元文協普及会長野村忠三郎殺害を契機に大規模なカウンターアタック（反攻）に転じ、信念派に対する大弾圧を開始する。ただこのカウンターアタック、認識派が自分の手でやったのではなく、ブラジル官憲とマスコミを動かして〝合法的〟にやった。四月二日にはじまる臣道聯盟会員の一斉検挙がそれである」と分析する。

「サンパウロの政治社会警察で取り調べを受けた者二千三百人と言われるが、地方の警察に召還された日本人を加えれば五千人以上が取り調べを受け、四百〜五百人が拘置されている」。ここからが本当の勝ち負け抗争の本格化だ。

「四月二日の弾圧と一斉検挙で主だった臣聯員はほとんど拘束されたが、皮肉なことにテロ事件はそれから本格化する。四月は二件、五月、六月は一件ずつだが、七月には十七件のテロが発生する。弾圧がかえってテロの跳梁を促進する結果になったのだ」。つまり、負け組系の反攻が激しくなるのに対応して、刺激された信念派の動きも激烈化した。

1946年6月29日付コレイオ・パウリスターノ紙によれば、470人が起訴され、うち80人には大統領によって国外追放令が出された。この国外追放令は結局のところ実施されない。この辺がまた、ある意味、ブラジルらしいところで、「脅し」「懲罰」的な命令だった。

起訴された400人余りに関しても大半の罪状は「内乱罪」（註＝国家の秩序を乱す重大な罪）というあいまいなもので、収監中に簡単な事情聴取を受けるだけで公判は開かれなかった。つまり、なんの犯罪立証もせずに数年も拘束されたのちに釈放という「懲罰的な拘留」で、法的にかなりいい加減な対処だった。

フェルナンド・モラエス著『Corações Sujos』（汚れた心、2000年、カンパニア・ダス・レトラス社）331頁によれば、《臣道連盟による13カ月間の活動により、23人が死亡し、147人が負傷した。サンパウロ州警察は3万1380人の日本人を臣道連盟とのつながりがあるとの容疑で取り調べた。そのうち連邦検察庁は1423人を起訴したが、裁判所が起訴を受理したのは381人分のみ》とある。

前述の中隅さんの「5千人が取り調べを受けた」というのは1946年4月時点で、モラエスの数字「3万1380人を取り調べ」は13カ月間の総計だと思えば、それなりに辻褄は合う。当時の二世を含めた在留邦人数は23万人と言われており、モラエスの言うことが正しければ、なんと日本人の7人に1人が取り調べを受けるという未曽有の事態だった。当時、この件の捜査自体が一種の弾圧、差別的な迫害といえる状態だった。

1946年4月1日までに、「負け組2人が殺害された」ことで、「勝ち組5千人が取り調べを受けた」というのは、あまりに対等さに欠け、バランスが悪い。明らかに官憲側にやり過ぎた部分があった。しかも〝取り調べ〟の最中に、訊問と称する拷問を受ける場合もあった。警部から「御真影（天皇陛下の写真）を踏んだら留置場から出してやる」といわれた移民もいたのだ。いわゆる、「踏み絵」と称される精神的拷問だ。泣く泣くそれを踏んで出た者もいたが、彼らの多くはその経験を口外せず、トラウマを抱えて後の人生を送ることになった。

皮肉なことに、一斉検挙で臣道連盟の幹部や要人はほぼ全員が逮捕されたことで、その後に劇化していく抗争と臣連には直接関係がないことが証明された。

日本移民弾圧の発端を作ったヴァルガス独裁政権自体は1945年10月の同大統領辞任によって崩壊し、翌46年1月からドゥトラ政権になっている。だが、新大統領はヴァルガス時代の陸軍大臣であり、基本的な官僚機構は継承された。そのため、戦中と同じ様な日本移民への対処が継続され、ブラジル対日本のナショナリズム対決の図式が維持されていた。そこへ勝ち負け抗争の勃発により、日本人迫害というトーンを持った「激しい捜査」が行われたとみられる。

踏絵を拒否しただけのものを含む170人が監獄島アンシェッタに〝島流し〟にされるなどの弾圧も1946年7月以降起きた。この収監者の中には日高徳一ら襲撃事件の実行犯も含まれる。この監獄島は脱獄不可能と言われる離れ小島で、政治犯や重罪犯のみが収容されていた。このアンシャッタ送りされた者たちも、特に裁判もないまま2〜3年で釈放され、その後、「弾圧への報復」ともいえそうな国粋雑誌や新聞を作って混乱を長引かせる結果を招いた。

とはいえ、勝ち組に犯罪行為があったのも事実だ。一部強硬派は1946、7年にブラジル育ちの純粋な青年らを動かして殺人事件を起こした。この時の殺害実行者の多くは20代で、10代の頃に日本人文教育普及会の教師から「日本精神」を叩き込まれた世代だった。父親は日清・日露戦争の頃からの「明治の気風」を強く持っていた。

1946年6月2日の脇山大佐殺害事件の襲撃者の一人、日高徳一のことは第6章「襲撃者の一人、日高徳一が語るあの日」として描いている。日高の父は元北米移民であり、まさに「明治の精神」をもって日高を育てたことが分かる。「戦争が終わったことは知っていた。だから勝った負けたのためにやったのではない。皇室の尊厳を穢した責任をとってもらった」と語っている。日高は事件後、半世紀以上をへた2000年頃までマスコミの取材を受けたことがなかった。

1947年1月までに20数人が亡くなり、数十人が負傷する日系社会の内部抗争に広がった。この時に殺された2人の話を、第5章「二人の父を銃弾で失った森和弘」として収録している。

## 負け組からの攻勢

負け組も負けずにやり返していることは、なぜか正史には出てこない。「勝ち組が二十数人を殺した」という風によく報道されるが、この数字は『移民80年史』の「勝組負組関連負傷・殺人事件一覧表」（170〜1頁）に出た「23人」が独り歩きしてしまったものだ。同移民史は「認識派＝被害者」が強調される論調だが、表をキチンと見ると、負け組側被害者数は60人余りに対し、勝ち組被害者も「勝ち組40人余り」「島野ナミデ」ら相当数が挙げられている。それなのに、片方ばかり被害者扱いするのは公正ではない。

負け組がブラジル官憲を動かして、勝ち組親派を弾圧した例の一つが、第7章「正史から抹殺されたジャーナリスト、岸本昂一」だ。ブラジル唯一の日本語書籍で禁書にされた本の著者だ。

彼は勝ち組親派の視点から、勝ち負け抗争の余韻が強い1947年9月に日本語書籍『南米の戦野に孤立して』を出版した。その中で、サントスやコンデ街からの強制立退きなどの戦争中におきた理不尽な日本人集団地解散、戦争中にスパイ容疑で収監された獄中の様子などをなまなましく描いた。

明らかなブラジル政府批判だ。そのために認識派二世がうらで動いたとおもわれ、その結果、社会政治警察に逮捕されて帰化人・岸本のブラジル国籍を剥奪して、国外追放にする刑事裁判を起こされた。戦前には日伯新聞社主の三浦鑿がブラジル政府批判をしたとの理由で3度も国外追放になったことがあり、戦後も岸本の事件が起きたため、邦字紙経営陣・編集部はブラジル政府批判を一切しない存在になった。

１９４６年4月1日の野村忠三郎殺害事件（サンパウロ市で起きた最初の事件）直後に逮捕されて裁判になった勝ち組４７０人の大半は、数年間の拘留中、何の公判も行われずに最終的に釈放された。多くは臣道連盟などの勝ち組団体に入っていたこと自体が「外国人には禁止されている政治活動をした」という風に解釈されて、「Crimes contra a segurança da República（内乱罪）」のような「治安への脅威」という抽象的な罪状のみが調書に書かれている。では「国への脅威となるような、どんな政治活動をしたのか」という具体的な点は捜査されていない。しかも、その勝ち組大量逮捕の背後には、負け組による官憲への密告があったとされる。

つまり「勝ち組集団の幹部であった」というだけで数年も収監され、具体的な罪は立証されなかったケースが大半だ。ブラジルの新聞や負け組系の新聞は、勝ち組が逮捕された時は大々的に報道したが、釈放されても記事にしなかった。

つまり、法的には罪が限りなくあいまいなまま、社会的な汚名だけ着せられた状態で、戦後ずっとほうっておかれた。「日本が勝ったと信じた狂信者」という汚名ばかりが繰り返し報道されることで、歴史的な事実として定着しつつある状態だ。

「臣道連盟＝テロリスト」という見方をブラジル社会に広めてしまった、フェルナンド・モラエス著『Corações Sujos』（汚れた心、２０００年、カンパニア・ダス・レトラス社）ですらも《１９５６年のクリスマス、大半が10年ほども収監されていたことから、ジュッセリーノ・クビチェッキ大統領は減刑（恩赦）をほどこして自由の身にした》（３３５ページ）と書いているが、その記述の出典はない。

一方、当時、ブラジル史上最大規模といわれた臣道連盟裁判の弁護団の一人、エルクラーノ・ネーヴェスの著書『O Processo da Shindo Remmei e demais associações secretas japonesas no Brasil』（1960年）の本文の最終ページ（492ページ）には《司法的な判断により、1958年8月13日をもって、書面によって刑の消滅を宣言する。上告は不可》との最終判決文が書かれている。訴訟番号12．649は「1950年当時、ブラジル史上最大の刑事裁判」（証言数950、裁判官13人、弁護士47人）として有名だった。特定の民族を標的にしたあまりに巨大な刑事裁判を始めてしまったが、結局は収拾が付かなくなってしまったようだ。

殺害事件の実行犯10人あまり以外の大半、400人余りの収監者は数年に渡ってひたすら拘留された挙句、正式な刑の判決を受けることなく、ただ釈放された。現在の視点から見れば、基本的な人権上の問題がある対応だった。

このような一連の事件を、知れば知るほど、勝ち組の強硬派「特行隊」とよばれた若者たちの一群は、いわば幕末に尊王攘夷を掲げて暗殺を重ねた〝勤皇の志士〟のような存在だったと感じる。日本の歴史の節目節目に現れる特有の心理連鎖だ。

もちろん、そのような勤皇の志士を殺しまくった新撰組もコインの裏表であり、さらに時代を下って5・15事件や2・26事件の青年将校らによる大臣暗殺もしかり、戦後の三島由紀夫の割腹事件にしても日本史のところどころに現れる「国を憂う青年」がしめす行動パターンだ。それにゆえに、今でも関心が高い歴史的な事象だ。

ならば、同じようなことをブラジルでやった青年らが、どうして70年も経った今まで「狂信者」と蔑まれなければならないのか。場所はブラジルであっても、日本移民は日本史のパターンを繰り返した。これは国を憂う青年が暴発するパターンの典型だと思う。

## 集団的な精神病を発症

終戦後、認識派の集団を中心に、敗戦した日本に救援物資を送る活動（ＬＡＲＡ救援物資）が１９４７年から始まった。認識派としては、その運動を勝ち組勢力にも拡げることを通して、勝ち負けに分かれた日系社会を統一しようと思ったが、現実には難しかった。

でも、その活動で集まった面々を中心に、サンパウロ市４００年祭（１９５４年）を日本人が一致して行うことを目的に、１９５０年に「コロニア連絡機関」が創立された。これがうまくいって55年年末に発展的に解散して「サンパウロ日本文化協会」（現在のブラジル日本文化福祉協会）になった。

１９４６年10月から、邦字紙は再刊を始めたが、勝ち組系の新聞も生まれたことで、混乱が収束するまでにはさらに時間がかかった。その間、朝香宮を名乗る詐欺師が寄付を募った「ニセ宮事件」、戦勝を騙って寄付を集める詐欺事件「国民前衛隊事件」なども起きた。勝ち組の大半は穏健な大衆だが、中には精神病的な被害妄想、不安障害を持つ人も含まれていた。

最後の勝ち負け事件「桜組挺身隊事件」は１９５５年だった。実に戦後10年もかかって、ようやく終結した。彼らの多くはブラジル移住に経済的に失敗し、生活環境にも適応できなかった。精神的に追い込まれた集団だった。

終戦直後は大半が「勝ったはず」と思っていても、4年、5年と時間がたつに従い、「そんなことを言っていても仕方ない」とあきらめるようなった。「戦争は終わり、日本は負けた。でも日本は残っている。引き揚げ者であふれ、食糧難の日本には帰れる場所はない。それに、子供はブラジルで大きくなってしまった。ブラジルに骨を埋めざるをえないのか……」という諦めが広がってきた。

そのような流れの中で、理屈が通じる人々は、とっくに集団帰国を諦めていた。最後まで抵抗を続ける集団は、ある種の精神病的な様相を見せるようになっていた。もしこうなる前に「海外不適応症候群」「不安障害症候群」患者として、リーダー格の者たちを日本政府が集団帰国させていれば、これほどブラジル社会を騒がすことはなかっただろう。

たとえば戦後移民は5万人もブラジルに渡ったが、うまくいかずに半数は帰国した。ところが、戦前移民20万人の85％は帰国したかったのに、大半がブラジルに残った。いや、残らざるをえなかった――。

『日本移民80年史』によれば、1819年から1933年末までにブラジル入国した外国移民は462万3789人もいるが、うち53％は別の国に再移住、もしくは帰国した。イタリア移民で定着したのはわずか12・82％で〝渡り鳥移民〟と呼ばれた。ドイツ移民は24・49％、同じ言葉のポルトガル移民ですら41・99％しか定着しなかった。ところが日本移民は93・21％も残った……。

ただでさえ移住慣れしていない日本人。しかも、連合国側の独裁政権の国の中で、戦前から敵性移民として5年以上も差別弾圧を受けてストレスをつのらせ、不適応者が数百人単位ででることには、なんの不思議もない。むしろ正常な心理的な反応といえる。それに適切な対処をせずに、彼らの心情を良く理解しないまま、「狂信者」と切り捨ててきた戦後の歴史は、あまりにむごいと言わざるを得ない。

1951年12月には石黒四郎在サンパウロ総領事、52年9月には戦後初の君塚慎大使も赴任し、53年には戦後移民がブラジル移住を始めた。そんな53年から55年にかけて起きた集団帰国を求めてサンパウロ市の中心にある広場でデモ行進したり、集団生活をしていた「桜組挺身隊事件」。これなどは、今から見れば「在留邦人の海外不適応精神障害」や「異文化生活に伴う不安障害」などの病気を患っている人がかなり混ざっていた。だが、日本政府は「集団帰国」要求を受けても相手にしなかった。

初期にも、移住未経験ゆえの多大な犠牲を出した事件が起きている。時の在サンパウロ総領事が資金を融通するなどの肩入れをして、1915年に作られた平野植民地の入植時だ。川沿いに家を作ったために、入植3カ月でマラリアによって80人が亡くなった。「当時は、その病気が知られていなかった」というが、その後も十分な対策がとられないまま、その地域にたくさんが送り込まれた。移民はただ体当たりでぶつかり、自衛するしかなかった。

このように、移民は全てにおいて「民族的な実験台」にされている部分があり、それが後世になっても十分に検証されない。

負け組の中心メンバーである日系社会リーダー層には資金もあり、指導力もあった。だから、前述の「サンパウロ日本文化協会」を作り、1958年の日本移民50周年で三笠宮同妃両殿下のご来伯を実現させ、盛大にその歓迎会をすることを通して戦後13年目にようやく勝ち負け両派が手を取り合う状況に持ち込んだ。

私が働くニッケイ新聞の前身、パウリスタ新聞などの邦字紙にも勝ち負け抗争を煽った部分がある。かつてはそのように書かなければならなかった時代情勢があった。

だが、「ありのままの歴史」を残すという新聞の役割を考えれば、それを見直す時期にある。おとしめる側にあった邦字紙が反省をすることで、ようやく〝コロニアの戦後〟が終わる。そう考えて10年来、ニッケイ新聞に歴史検証的な連載を書いてきた。半世紀以上もおとしめられつづけた勝ち組大衆――彼らの尊厳を回復したい、という気持ちも込めている。

それらをまとめたのが、この本だ。

## 「ここに骨を埋めよう」という諦観

戦後、日系社会の中心機関となったブラジル日本文化協会は、負け組系の人脈で構成されていた。勝ち組系の人脈はあまり邦字紙に出ることなく、地方の日系団体幹部、県人会、日本語教育や日本舞踊や芸能、俳句などの会を支える形で日本文化を広めることに貢献し続けてきた。

そのような流れの中で移民大衆は1950年代、心を「永住」に切り替えようと努力した。ブラジルという国を「第2のふるさと」として前向きにとらえ、子孫をここに根付かせるための戦略を考え始めた。

「ここはデカセギ中の『仮住まい』ではない。ちゃんとした家を建てよう」、「日本を愛する心を子どもに植え付けるために日本語教育に力をいれよう」、「ここが故郷なら『お祭り』をしなくちゃいけない」、「故郷らしくするために、ここに桜を植えよう」、「ここで子供にしっかりと勉強させて良い大学にいかせ、社会的に立派な立場にさせよう。そうすることで戦争中に自分たちをバカにしてきたブラジル人を見返さなくては」と考えるようになった。

戦前の日系社会には、ほとんどフェスティバル（お祭り）がなかった。各移住地で行われる入植祭にくわえ、日本の風習であるお正月、端午の節句、四大節（四方拝・紀元節・天長節・明治節）などが行われるのみだった。

ところが、戦後1952年5月にブラジル最初の「柿祭り」がモジで開催された。これをきっかけとして各地で「卵祭り」「桃祭り」「イチゴ祭り」「農産品評会」などが次々に行われるようになる。そして日本との行き来が増える中で桜の苗が持ち込まれ、1960年代から桜の植樹が始まり、1970年代から各地で桜の花見が始まり、年老いた戦前移民の心を癒した。

前述の臣道連盟裁判の弁護団の一人、エルクラーノ・ネーヴェス氏が書いた本の前書きは、裁判文書からの引用として、こんな興味深い一言で締めくくられている。

《敗戦を信じなかった日本人たちの態度は、社会学的には珍しいものでも、異例なものでもない。ナチスに蹂躙されたフランス人も敗戦を信じず、最終的に戦勝国になった。1918年のドイツ国民も、（第一次大戦の）敗戦を受け入れなかったからその後の展開があった。米国においてもリンカーン率いる北軍が勝ったことを受け入れない南部人が秘密結社を作った。かくいう我々自身だって1932年のことをどう思っているのか。サンパウロは勝っただろう?》(サンパウロ州司法裁判所のジュリオ・イナシオ・ボンフィン・ポンテス裁判官)。

これは1932年にサンパウロ州勢が連邦政府に反旗を翻して戦った「護憲革命」のことを指している。1930年にクーデターによって政権をにぎったヴァルガス暫定大統領が憲法を停止したことから、「憲法を守れ」を旗印にサンパウロ州勢が立ち上がった革命だ。2千人以上の死者を出して惨敗したサンパウロ州勢は、その2年後、今度は「武力でなく、文化と科学でブラジルに革命を起こす人材を育成する」ことを目的に、既存の7校を統合する形でサンパウロ州立総合大学(USP)を作った。

そこから現在の連邦政府を支える官僚、政治家、大統領、大臣らが無数に輩出され続け、戦後の国家の要となっている。そんな経緯から、サンパウロ州人は「最終的には護憲戦争に勝った」とよく言う。ネーヴェス弁護士が前述の前書きに引用しているのは、そのことだ。ブラジル人の一部インテリには、これだけの歴史観の懐の広さ、異文化に対する許容量の大きさをもつ人物がいた。

勝ち負け抗争が終結した後に、「ブラジルに骨を埋めよう」と思い直した勝ち組は、USPを「ブラジルの東大」と呼んで、子供を入学させようとした。人口比では1%に満たない日系人が、USP入学生の10%を占めるようになったのは、圧倒的多数を誇った勝ち組が、想いの矛先を「帰国」から「永住」に切り替えたからだ。勝ち組の親たちが心を入れ替えて、身を粉にして働いて子供を大学にいれた。だからこそ、ブラジル社会から信頼される現在の日系社会が形成された。「最終的に勝ち組は圧倒した」といって良い歴史的な展開だと思う。

このように「勝ち負け抗争の反作用」としての「社会統合」の歴史が、今も続いている。

## いまなお深い移民史の闇

なお、大宅壮一の記事にでてきた「円売り事件」に関しては、いまだにその実態が分からない。歴史の闇に埋もれている部分だ。認識派の見方では、「勝ち組の詐欺師が、純朴な勝ち組をだまして買わせた」としている。

だが、論理的に考えるとオカシイ。現実問題として「円にすでに価値がない」ことを一番理解していたのは負け組の側だ。勝ち組は「日本は勝った」と思っているから、売る必要がない。だから、もっと円を蓄えたい人が騙されて買った。

だいたい、勝ち組は基本的に貧乏な農園労働者ばかりであり、大量の旧円の出どころにはならない。ブラジルにおいて戦時中に大量の円を握っていたのは総領事館や大使館などの日本政府機関、横浜商銀や南米銀行などの金融筋、商社や商店、進出企業などであった。それらは基本的に負け組系の人脈であり、それらが絡んだ形でないと、円の供給源が存在しない。「負け組がからんだ組織的な詐欺」だと想定する方が容易だ。

当時のお金にして1億円もが売られたとの説もある。戦前に日本の軍部がブラジルでダイヤモンドなどの軍需物資を調達するために置いていった余剰資金（旧円）が関係しているという説もある。それを負け組系の人脈が隠し持っていたが、戦後の資産凍結解除運動の時に、政治家への多額の賄賂資金が必要となり、円を売ってその運動資金を調達したというのだ。

いずれにせよ、負け組系の企業などが絡んでいた疑惑に煙幕をはるために、「ユダヤ系が上海や香港から持ち込んだ」との第三者的な言説を積極的に振りまいて、ごまかしていた可能性が高い。事実、終戦直後に作られたコロニア映画『南米の荒野に叫ぶ』には日系銀行と邦字紙社長が円売りの黒幕にいたように描かれている。

勝ち組と負け組が対立している状況を利用して、その裏で結託して詐欺を働く両側にまたがったグループがいたと想定するのが、もっともスマートだ。もっとも大事なことは、その尻尾を掴まれないように、戦後何十年にもわたって隠し続けられるほど、日系社会の中心機関に対して力をもったグループが関わっていたという点だ。

不思議なことに、私も邦字紙記者として1992年からほうぼうで取材しているが、いまだに円売りの被害者本人に会ったことがない。闇が深い事件だ。

## 揺り返しの時代に

このような勝ち負け抗争の話は、戦後長いこと秘密のヴェールに包まれてきた。一世は家の中で子供たちに語りたがらなかった。それに関するポルトガル語の本はほんのわずかしか存在しなかった。だから二世、三世の大半はその話を良く知らないまま育ち、その出来事は歴史の彼方に消え去ろうとしていた。

ところが、終戦から半世紀以上もたった2000年に、ブラジル人有名ジャーナリストのフェルナンド・モライスが、平穏だった日系コミュニティに爆弾を落とした。著書『Corações Sujos』（ポ語、コンパニア・ダス・レトラス出版）を出版し、それまで日系社会のごく一部でしか知られていなかった勝ち負け抗争をノンフィクションのはずなのに、センセーショナルな脚色を相当くわえて「勝ち組＝臣道連盟＝テロリスト」という図式をブラジル社会全体に広め、大ヒットさせたのだ。

モライスの本には臣道連盟裁判で起訴・受理された381人の名前が列挙されていたため、事情を知らされていなかった子孫らを中心に日系社会に激震が走った。「寝た子が起こされた」どころか〝パンドラの箱〟を開いた状態になってしまった。それ以降、反発が生まれることになる。

あまりに煽情的な内容にカチンときた二世、三世がかなりいた。その一人が映像作家の奥原マリオ純（三世）で、日高徳一を主人公にしたドキュメンタリー映画『闇の一日』を13年かけて完成させ、「勝ち負け抗争は日本人同士が殺し合ったというコミュニティの歴史の恥部ではなく、ヴァルガス独裁政権時代の迫害が原因となっている人権問題である」ことを公にした。

その頃、同時多発的に日系ジャーナリストや研究者が、勝ち負け抗争の時代背景をさぐる研究や調査を行っていた。その内容が2008年の日本移民百周年という一般社会から注目をあびる機会の前後に続々と発表された。

エスタード紙論説委員をする保久原ジョルジが書いた『O Sudito（Banzai,Massateru）（臣民 万歳、正輝）』（ポ語、2006年、テルセイロ・ノーメ出版社）もその流れから発表された一冊だ。父が臣道連盟の会員だったことから、モライスが同組織をテロ集団のように描いたことに反発を覚え、自分が父親から聞いた話を軸に日系人側の視点による家族史として描いた。この流れを奥原マリオの証言を軸に第8章「2000年に開かれた日系人の〝パンドラの箱〟」で説明している。

2003年にPT政権に移り変わり、ジウマ政権は「真相究明委員会」を立ち上げて軍政時代の人権侵害を積極的に掘り起こそうと始めた。大きな時代の流れが変わった。泣く子も黙る軍政やDOPS（政治社会警察、日本でいえば戦時中の特高課）に公然と反旗を翻すことができる時代になった。

同委員会の調査範囲は1946年から軍政終結までだが、勝ち負け抗争は1946年からであり、ギリギリその範囲にはいった。そのため、奥原マリオが聖州小委員会のアドリアノ・ジョーゴ委員長に働きかけて、2013年10月10日に公聴会を開き、同委員会からの謝罪を受けるに至った。つまり、ブラジル近代史の一部として、勝ち負け抗争が正式に扱われた。

それまで公には政府批判を手控えてきた日系人も、その流れに乗って、徐々に発言を始める機運が高まっている。サントス強制立退きの事件を調査したり、戦争中の迫害がだんだんと明らかになってきつつある。これはまだ個人レベルの動きで、2016年現在も日系コミュニティの主だった団体は、この戦争前後の日本人迫害に関しては積極的な発言はしていない。

2014年5月31日には真相究明委員会サンパウロ州小委員会がツッパン市議会で公聴会（第9章「子孫にとっての勝ち負け抗争」）開いた。実際にモライスの著作に親が出てきた子孫が「本当に親父はテロリストだったのか」と自問し、同抗争をどうとらえたらいいのかを悩む姿を追った。

2016年11月には、「父（佐藤澄夫）はテロリストではない。国家に間違いを認めてもらい、謝罪してほしい」とグアルーリョス連邦地方裁判所に訴訟を起こした弁護士の佐藤真二さん（53歳・

二世）、に第一審で「テロリスト認定は間違い。当時の金額にして10万レアル（その後66年間分の価値修正を加える）」という勝訴判決がでた。父親は１９５０年に「国民前衛隊」の一員として逮捕、3年7カ月間も拘留された。10年ほど前から父の調書などを調べ始めると、法的にいい加減な状態であったことが分かったために２０１１年に裁判を起こしていた。

このように勝ち負け抗争の「揺り返しの時代」に入ったということは、同抗争の余波が今も続いている。つまり「終わっていない」ことを示している。

## 日本近代史のミッシングリンク（欠けた輪）

日本移民の子孫が日本でデカセギをしはじめた１９８０年代後半、日本の日本人のかなりの部分は「突然、現れた」ような印象をもっていた。約１１０年前からの「国境を越えた労働力のグローバル化」の流れがあり、それが還流しているという歴史的な視点が欠けていたからだ。それから30年が経って、今では17万人以上が定住化する時代となった。ブラジルに移民が定住したのと同様、それは還流先でも起こる。歴史的な必然だが、日本政府はいまだに彼らは「一時滞在」だと主張し、彼らの子孫への教育を含めた「移民政策」をとろうとしない。

日本の近代史において、日本移民とその子孫である日系人に対する理解が、すっぽりと抜け落ちているから、そのようなチグハグなことになると痛感する。日本の歴史の教科書に、日本移民の記述がほとんどないことが、そのようなミッシングリンクを作っている。

日本のミッシングリンクの多くは、第2次大戦に負けたトラウマから派生したものだ。

たとえば、戦前にあれほど優秀な飛行機を作っていたのに戦後まったく作らなくなったこと。世界各国で軍隊は普通に存在するが、日本では「自衛隊」になっていること。まるで「自分が刃物をもったら、すぐに周りの人を刺し殺すから、持たないように強く規制している」かのような自意識過剰な強迫観念を感じる。戦後一度も憲法が改正されていないこともそうだ。ブラジルでは戦後だけで2回も憲法を作ったし、毎年のように改正されている。「敗戦」が強いトラウマになって、それに関係した一切を「ありのまま」に認識させることを許さない切迫した感じがある。

そのような集団心理から、関東軍を背景にした「満州移民」が、戦後の日本社会のトラウマとなった。だから、それをできるだけ見たくないという心理が働き、「移民」という言葉まるごとを触れてはいけないタブーとして学術的、社会的に扱ってきたのではないか。

日本移民100周年（2008年）のころ、NHK取材班が移民有識者に取材した際、「コメントの中では移民という言葉を使わないでほしい」と注意したという。「移民は差別語なので、かわりに移住者といい替えてほしい」と言われたそうだ。

そのように「移民」を日本人の意識から遠ざけた結果、たとえば日本のテレビ番組や小説に接していて、外国を描く場面で不満を感じることがときどきある。劇中の日本人が、あまりに簡単に外国語をしゃべっていたりして、「言葉の違い」「文化の相異」自身がもたらす苦悩や理解の難しさが安易に扱われていることが多いからだ。

そのような場面を描く作家や番組制作者に、異文化体験が足りないから外国人の描き方が薄っぺらになる。だから、見る側の理解も深まらない。外国人がどんな人達か、異文化とは何か。それに関する体験的な理解は、いまこそ日本でも必要とされる時代になってきた。移民の家庭をリアルに想像できれば、日本人と外国人の違いを肌身で感じることができる。移民はエリートではない。「どこにでもいる一般市民が外国生活を始めること」が移住の本質だ。そのような一般人が、いかに外国でも日本人たろうとしてきたかが、ブラジル日本移民の真骨頂だと思う。

日本人性を最大限に活用して、ゼロから始めて体当たりでブラジル社会に貢献してきた日本移民たちの姿は、今から国際社会に飛び出そうとする日本人の発想に役に立つモノではないか。

# Ⅱ　大宅壮一「明治が見たければブラジルへ！」の意味

（2012年6月23日付でニッケイ新聞に『明治の精神とコロニア七不思議＝大宅壮一「明治が見たければブラジルへ！」の本当の意味』として掲載）

評論家の大宅壮一は1954年に取材旅行のために来伯した際、「明治の日本が見たければブラジルにいけ！」との名セリフを残したとコロニア（日系社会）では言い伝えられている。

当地に色濃くつづく明治気質を端的に指摘した言葉として有名だ。おなじ時に大宅はアマゾンのトメアスー移住地を訪れて「下士官根性がある」と発言して邦字紙で物議を醸しており、戦前の軍国主義的な気質を揶揄するニュアンスで言われたものが、時代の変化とともに「日本が失ったものがコロニアにはある」との誇るような語感に変わってきたのではないかと思っていた。

南米に強いジャーナリストで、2011年5月に『ホームレス歌人のいた冬』（東海教育研究所）を刊行して話題になった三山喬さんから以前、「このセリフの出元を調べようと思って大宅壮一文庫で探した。司書にも相談したが、ついに見つからなかった。おかしなことにそれを日本で言った形跡がない」と聞いて以来、〝コロニア七不思議〟の一つだと思っていた。

内容からして日本で大宅壮一がそう広めた感じがするし、移民を言い表した祖国の著名人の言葉

1954年にブラジルを取材に来た大宅壮一（写真集『目でみるブラジル日本移民の百年』・風響社・2008年）

としてズバ抜けた知名度があると当地では思われ、邦字紙の投稿欄でもひんぱんに引用されていたから、三山さんが残した謎はずっと頭に引っかかっていた。

　だから当地の雑誌『曠野の星』（岸本丘陽主幹）１９５４年12月号をパラパラとみていて、大宅壮一の講演内容を見つけたときは小躍りした。正確には「ブラジルの日本人間には、日本の明治大正時代が、そのまま残っている。明治大正時代がみたければブラジルに観光するがよいと、日本に帰ったら言う積もりです」といっていた。これはコロニア相手に講演して笑いをとる部分であり、意外なことに肯定的といってよいニュアンスをもって使われていた。

　さらに大宅壮一は、勝ち負け抗争のことを「日本ではとても考えられない奇々怪々なる事件」と表現し、その原因を明らかにするためにブラジルまで取材に来たと説明し、「明治大正の気質」が当地に残っていることが関係していると指摘している。

　当時の日本マスコミの大半は、勝ち負け抗争の表面的な事象だけを遠くからみて、ブラジル邦人の頭の切り替えの遅さ、その在り方の特殊性をあざ笑ったが、大宅壮一は実際に現地まで来た上で「ブラジルらしい事件」だと論じていたことに舌を巻いた。

## ブラジル日本人移民の団塊世代

各国移民がブラジル国家形成に深く関与していることは間違いない。さらに、どこの国からの移住にも人数変動の「波」があり、その変動の原因は戦争や天災などの場合が多いようだ。この「波」の最大時に移住した人々を「移民の団塊世代」と呼んだらどうか。

例えば、日本移民の場合は、関東大震災（1923年）、昭和大恐慌という社会状況に流されて、日本社会内の最も苦境に置かれた層に移住圧力が高まっていた。

そんな1924年に米国では排日法（日本移民受け入れの禁止）が施行され、日本政府は送り出し先に困っていた。そこで最初は、関東大震災の罹災者に限定してブラジルへの渡航費補助を始めたところ、応募者が

かという質問を受けました。その時、私が當地に來たのは、日本の週刊朝日に南米のようすや、在伯邦人の生活振りなどを書くのが目的だと答えました。私は讀き物として、週刊朝日に「日本拝見」という題で、日本中を旅行し、變つた町々を訪ね、その見聞記を書いて來ましたが今度は外國の見聞記を書いてみたいと思い近東方面を廻つて、當地にまで足を伸ばしたわけです。

一昨日は、まだパラナに居りましたがそこで、或る人から在伯邦人の印象を尋ねられ、「ソラジォの日本人間には、日本の明治大正時代が、そのまゝ殘つている明治大正時代がみたければブラジルに觀光旅行をするがよいと、日本に歸つたら言う積りです」と答えました。（笑聲）

私が日本を發つ時、ブラジルの邦人社會には、日本ではとても考えられないような事件が起つたりしたそうだから、生命に氣をつけろと言われ、私は東京の松澤病院（精神病院）の隣りに住んでいて馴れているから大丈夫だ、と冗談を言つたのですが、私は、在伯邦人間になぜそのような常識では考えられないような奇々怪々な事件が起つたか、その根據を調べてみるのも面白いと思つて當地に來たとも言えます。

そうした事の原因を明らかにする爲にはブラジルの政治と社會の根據を知らなければならぬ、そしてブラジル人は、どういう人種によつて構成されているか、どこの國々の人がブラジルに來ているかこうした事も知る爲に、近東、中東の二十三カ國をみて廻り、そうしてブラジルに來ました。來てみまして、成る程、ブラジルは研究に價すると思いました。考古學的にも、博物學上でも、發見するところが多いと思いました。そして、ブラジルの邦人社會に日本では、とても考えられない奇々怪々たる事件の起つたわけを了解しました。そして、ブラジル自体そうした事件を起す可能性のある國である事も知りました。

大体に、ブラジルに來ている人種は、歐洲でも、一風變つた地域で、最も封建的な氣風の強い國から來ていることがわかりました。新しい都市が出來る。その周邊で投機的に事業が進められてゆく、そして又、その先に新しい町が出來、その町の中心に新しい教會堂が建てられて行く、こんな事は、今の歐洲では何處に行つてもみることは出來ません。私がみて珍しく思つたのは、中世紀的ですこぶ

大宅壮一が「明治・大正時代がみたければブラジルに観光旅行するがよい」と講演した部（『曠野の星』1954年12月号10ページ）

多数詰めかけたことから、限定を外してこの予算を毎年増額していった。人口問題・失業問題対策としての積極的移住奨励政策、いわゆる「国策移住」の始まりだ。

だから1926年から1935年までの10年間に、なんと「約13万人」が移住している。1934年はブラジル政府が日本移民の入国制限を意図した二分制限法を制定した年であり、その以降、激減した。同時に、その頃から日本政府が満州移民へと傾注していったことも影響している。

とにかく戦前戦後を通じた全日本移民25万人の過半数が、この10年間に集中した〝大波〟だ。この「団塊世代」の家長が30歳前後だった。つまり、彼らは1890年代後半から日露戦争ぐらいのまでの間に10代の人格形成期を過ごしている。

そんな明治後期の日本人気質の深く刻み込まれた集団が、サンパウロ州の地方にある日本人ばかりが集まった植民地において生活し、ブラジル政府から敵性国民として強い政治的社会圧力をかけられた状態で「日本人」としての自覚を深める10数年を過ごした結果、日本の日本人以上に日本人らしい二世を育て上げたことは、何ら不思議ではない。

## 世界から集まる苦境層

一方、祖国では終戦後、GHQによる占領政策という大鉈が振られ、戦前的な精神が分断され、いわゆる戦後民主主義的な気風が満たされた。そこからきた大宅壮一が、戦前の気風をぷんぷんさせたコロニアとの間に感じたギャップたるや驚くべきものがあっただろう。

「本国で最も苦境に置かれた層が押し出されるように移民した」という状況は、ほかの国々にも当てはまる。１８８２年に大水害に見舞われたイタリア北東部からは１９００年までに１００万人もが移住して「団塊世代」を作った。

日露戦争前にロシアが東欧側で南下政策を執ったときはウクライナ人が伯国（ブラジル）に逃れてきたし、アルメニアの大虐殺、オスマン＝トルコ帝国のシリア、ナチス・ドイツのユダヤ人迫害や近隣進攻ではオーストリア人やスイス人が大挙してやってきた。戦後もしかり。朝鮮戦争で国土が荒廃すれば韓国人が、台湾からは蒋介石の迫害を逃れてやってきた。90年代以降はアフリカ内戦からの亡命者が目立っている。

２０１２年１月12日付けエスタード紙によれば、２年前の震災からの遅々たる復興に苦しむハイチ難民はペルー経由でアマゾン上流から入国し、サンパウロ市のグリセーリョ区を目指しているとの記事を読み、深い感慨を覚えた。

| 年　度 | 移住者数 | 年　度 | 移住者数 |
|---|---|---|---|
| 1952 年 | 54 人 | 1908 年 | 830 人 |
| 1953 年 | 1,480 人 | 1909 年 | 31 人 |
| 1954 年 | 3,524 人 | 1910 年 | 947 人 |
| 1955 年 | 2,657 人 | 1911 年 | 28 人 |
| 1956 年 | 4,370 人 | 1912 年 | 2,909 人 |
| 1957 年 | 5,172 人 | 1913 年 | 7,122 人 |
| 1958 年 | 6,312 人 | 1914 年 | 3,675 人 |
| 1959 年 | 7,041 人 | 1915 年 | 65 人 |
| 1960 年 | 6,832 人 | 1916 年 | 165 人 |
| 1961 年 | 5,146 人 | 1917 年 | 3,899 人 |
| 1962 年 | 1,830 人 | 1918 年 | 5,522 人 |
| 1963 年 | 1,230 人 | 1919 年 | 3,022 人 |
| 1964 年 | 751 人 | 1920 年 | 1,013 人 |
| 1965 年 | 531 人 | 1921 年 | 840 人 |
| 1966 年 | 785 人 | 1922 年 | 1,225 人 |
| 1967 年 | 638 人 | 1923 年 | 895 人 |
| 1968 年 | 442 人 | 1924 年 | 2,673 人 |
| 1969 年 | 434 人 | 1925 年 | 6,330 人 |
| 1970 年 | 454 人 | 1926 年 | 8,407 人 |
| 1971 年 | 456 人 | 1927 年 | 9,034 人 |
| 1972 年 | 557 人 | 1928 年 | 11,162 人 |
| 1973 年 | 383 人 | 1929 年 | 16,648 人 |
| 1974 年 | 297 人 | 1930 年 | 14,076 人 |
| 1975 年 | 299 人 | 1931 年 | 5,632 人 |
| 1976 年 | 353 人 | 1932 年 | 11,678 人 |
| 1977 年 | 283 人 | 1933 年 | 24,484 人 |
| 1978 年 | 298 人 | 1934 年 | 21,230 人 |
| 1979 年 | 230 人 | 1935 年 | 9,611 人 |
| 1980 年 | 188 人 | 1936 年 | 3,306 人 |
| 1981 年 | 161 人 | 1937 年 | 4,557 人 |
| 1982 年 | 61 人 | 1938 年 | 2,524 人 |
| 1983 年 | 84 人 | 1939 年 | 1,414 人 |
| 1984 年 | 60 人 | 1940 年 | 1,471 人 |
| 1985 年 | 45 人 | 1941 年 | 1,883 人 |
| 1986 年 | 51 人 | 1942 年 | 日伯国交断絶空白時代 |
| 1987 年 | 40 人 | 1943 年 | |
| 1988 年 | 33 人 | 1944 年 | |
| 1989 年 | 24 人 | 1945 年 | |
| 1990 年 | 23 人 | 1946 年 | |
| 1991 年 | 22 人 | 1947 年 | |
| 1992 年 | 16 人 | 1948 年 | |
| 1993 年 | 10 人 | | |
| 計 | 53,657 人 | 計 | 188,309 人 |

ブラジルへの移住者数（『日本ブラジル交流人名事典』パウリスタ新聞社編・五月書房・1996年）

そこは笠戸丸移民以降、戦中に強制解散させられるまでの間、「コンデ街」と言われた日本人街のあった場所だからだ。

## 「欧州の中世がある」

大宅壮一の講演内容で俊逸なのは「大体に、ブラジルに来ている人種は、欧州でも、一風変わった地域で、最も封建的な気風の強い国から来ていることが分かりました。（中略）現在のブラジルには欧州の中世紀が残っているということになり、欧州人で中世紀がみたければ、ブラジルに観光旅行するがよい、と言うことになります。ブラジルを旅行してみて、私は、欧州の中世紀を残すに適した国であると思い、日本の明治が残っているのも不思議ではないと思いました」と語っていることだ。

ブラジルが旧世界（欧州）の裏返しであることを1954年の時点で言い当てている。

中世の封建的な社会構造の中で低位におかれ、つねに貧困や社会的な差別に苦しんでいた層だから、天災や戦争、飢饉などの大規模変動に際して最初に生死の境をさまよい、新天地を目指さざるを得なかった。

旧世界の社会的な弱者が逃げ込む「避難所」として、ブラジルは世界史的に機能してきた。そんな層がまっさきに、しかも大量に、移住して地歩を築いた。

だから「中世」や「明治」がブラジルには残っている。「避難所」「旧世界を裏返した縮図」が、2002年以降、BRICSなどと呼ばれて「世界の成長センター」、言い方を変えれば「表」として見られるようになった。これは歴史的な節目だったといえる。

## 《ブラジルには「明治の沖縄」がある》

2008年3月、ドイツ最大手週刊誌「スピーゲル」はサンタカタリーナ州ポメローデ市には「ドイツよりもドイツらしさが残っている」と賞賛し、本国では失われたポメローデ語(ドイツ語方言)までが残っていると報じた。ドイツもまた「失われた中世」をブラジルのコミュニティに見出している。

2011年10月に沖縄県で開催された、世界中の沖縄系子孫が5年に一度集まる「世界のウチナーンチュ大会」に参加したが、ここでも地元県民から「ブラジルには〝明治の沖縄〟がある」と地元紙から度々表現されていて、「ここでもか」と驚いた。

沖縄の人口は日本のわずか1%強なのに海外日系社会の16%を占めるのは、日本の歴史的なヒズミがこの島に集中していたことの裏返しだ。

1972年に実現された本土復帰運動を盛り上げる過程で、独自の方言や伝統を忘れ去って必死に「日本人」になろうとした沖縄県人の戦後世代からすると、今もウチナーグチ(沖縄語)を残す一部のブラジル子孫には「明治の沖縄がある」ようにみえるらしい。

ボリヴィアやブラジルに戦後渡った沖縄移民の多くは、米軍基地に土地を接収される動きの中で、押し出されるように渡ってきたものが大量にいる。その彼らが、現在の母県の基地問題をどう理解していくのか。「世界のウチナーンチュ大会」を通して、とんでもない共感が増幅されていること

外国在住の沖縄系子孫を中心に、地元住民が一体になって大いに盛り上がった「世界のウチナーンチュ大会」閉会式の一場面（2011年10月16日夜、那覇市セルラースタジアムで）

は確かであり、今後の動き次第では、「沖縄県のローカルな問題」が、移民子孫を通して世界的な広がりをもつ問題になる可能性を秘めている。

海外子孫と県民が手を取り合って琉球の伝統を復古させようとする「遠隔地ナショナリズム」的な同大会の方向性が、今後の日本の政治状況にどんな影響をもたらすのか。非常に興味深い。

# Ⅲ　日本移民と遠隔地ナショナリズム

（ニッケイ新聞で『百年の知恵＝移民と「日本精神」＝遠隔地ナショナリズム』として２００８年7月19日から8月30日まで24回連載）

祖国を愛するがゆえに同胞が傷つけあった「勝ち負け抗争」――その最大の要因や背景と言えそうなのは、当時の日本移民が抱いていたのは「遠隔地ナショナリズム（または越境ナショナリズム）」だ。

本国の国境を越えた外国でも移民は愛国心を持ち続けた。その愛国運動には、越境者ゆえの引け目や後ろ暗さがかえって気持ちを劇化させるなどの特徴があり、おのずと本国のそれとは異なったあり方をみせる。

かつて国民は国内に住んでいたが、グローバリゼーションや産業革命が進んだことにより、国民が容易に国境を越えられる移動手段をもった。そのことから「越境した国民」が移民であり、彼らの心理に生じたのが「遠隔地ナショナリズム」だ。

この現代特有の現象といえる「遠隔地ナショナリズム」の視点から見ていくと、いままで勝ち負け抗争は、他でみられない「ブラジル日系社会独自の異色の出来事」と思われてきたが、実は、きわめて現代的な歴史的文脈の中で起きたと考えられる。

## 「日本人」という自覚

第1回移民船「笠戸丸」が神戸港を出港した1908年（明治41年）4月28日ごろ、乗り組んだ移民の主たるアイデンティティは、まだ「日本人」ではなかったという。

というのも、日本はまだ幕藩体制から近代国家への移行の最中であり、伝統的な考え方や風習の残っている地方の農村部の出身者が多かった移民にとって、帰属意識のある集団は「藩」や「村」であった。

慶應義塾大学総合政策学部の小熊英二教授はSFCフォーラム・ニュース51号の中で、「その自覚（日本人という意識）の最終的な定着は明治以降である。江戸時代の『国』は藩や村を指し、また、身分制度があったため、日本人という集団単位で考える発想はなかった」と説明している。

ブラジル移民が始まった頃は、日本国内では藩を超えた鉄道交通や情報伝達手段の発達をへて、ようやく文化の均質化が起き、「日本人」が生まれ始めた時代だった。

いわゆる「共通語」としての日本語が成立したのも、「国民的同調装置」ともいわれる機能をはたしたラジオの普及以降といわれる。

新聞はいくつもあったが、識字率は現在ほど高くなく、一部の知識階級を中心とした媒体だった。ラジオの正式放送開始は1925年3月であり、それ以前の移民は、ブラジルに到着してコーヒー園で農業労働を始めても、同じ「日本人」でありながら他県出身者とは会話も成立しない場合もあったという。

ブラジル移民のエスニシティ問題を研究し続けている前山隆は次のように説明する。

「移民大多数は、やや閉鎖的な、一種の地域共同体の一単位であったコーヒー・プランテーションでブラジル生活の体験構築を開始したが、人種的な分割統治の原則で耕地内にはふつうイタリア移民、ドイツ移民、スペイン移民、ブラジル黒人等が労働者として混在していた。このような多人種的な状況のなかで、かれらは事々に『日本人（ジャポネース）』と呼ばれ、日本人として扱われ、かれら自身も次第にますます日本人になっていった」（76頁）。

日本国内ではまず起き得ない特殊な状況に、移民は最初からおかれた。

一般の日本人は、日本国内での新聞やラジオ、テレビなどのメディアの発達と共に日本人になっていった。

その一方で、「村」への帰属意識が強かった初期移民はブラジルのコーヒー耕地という多人種の混じった国際的な環境の中で、独自に日本人としてのアイデンティティを固めていった。

## 外向きに形成された「ジャポネース」

戦前、日本国内では、新聞やラジオなどのメディアや交通の発達などによるグローバル化により、意識の均質化が行われ、内向きのナショナリズムが進み、固有の領土に住む、同じ血統で、言語を共有する「日本人」という認識が広まったことを、前節では見てきた。

ところが、グローバリゼーションの流れに乗った日本移民たちは、外国移民に囲まれるインターナショナルな環境に置かれた。日系社会の外側から「ジャポネース」と区別される形で、外向きのアイデンティティを形作っていった。

日本移民とその子孫は、一見して分かる人種的な違い、「ジャポネース」としての差異を日常生活から切実に感じ、イタリア人でもドイツ人でもブラジル人でもない「日本人」「日本民族」として、最初から自らを規定してきた。

「ジャポースとはどんな人物なのか」という中身を補強するために、日本のナショナリズムを参考にした。だから、日本から伝わる戦前の国粋主義的なナショナリズム旋風は、その形成内容に強い影響力を与えた。

前山氏はそれを、ブラジル国内の『エスニックとしての日本人』というアイデンティティを析出した、と表現した。

戦前の国粋主義思想は、多国籍な環境において「日本人」としての自覚、自負を強化するには、まさにうってつけの思想だった。

つまり、笠戸丸移民の時代には一般的に、「日本人」というアイデンティティよりも「村」などの郷土への帰属意識が強く、戦前移民の多くはブラジルのコーヒー農場という多国籍な環境の中で、最初から、独自に日本人アイデンティティを固めていった経緯がある。

同じ日本人であっても、アイデンティティの形成過程は環境に影響を受ける。日本国内とブラジルとでは、その形成過程が異なり、イメージするところが多少なりともずれてきた可能性がある。

そのズレが、日本から来た人からすると、「ブラジルには明治の日本が残っている」という風に感じられるようだ。

「新しい古典」とも評されるナショナリズム論『増補　想像の共同体』（1983年、日本語訳は1997年、NTT出版）を著したベネディクト・アンダーソンは、グローバリゼーションは19世紀中葉から進展したという。この流れの中で、移民とは、国境を超えた労働需給の均質化によって生まれたインターナショナルな存在でありながら、精神面においては本国よりもナショナリズムを強めるという二面性をもつこととなった。

移民という存在はまさにグローバリゼーションの申し子といえよう。

外国における愛国心理は、なにも日本移民に限定されたものではない。むしろ、現代においては、世界中にある移民コミュニティ全体の傾向としてとらえられている。

祖国を離れた移民やその子孫が本国の住民よりも強いナショナリズム傾向を持ち、遠隔地から影響力を行使することを「遠隔地ナショナリズム」という。

## 愛国補償心理と愛情確認

2007年7月に在ロサンゼルスの韓国人コミュニティが数百万ドルの費用をあつめて、米国下院議会でロビー活動をし、慰安婦決議案を承認させたことは、記憶に新しい。

同8月18日付け産経新聞の特派員コラムでは「ソウルで韓国人識者を含めいろいろ聞いてみた中で、最も説得力があるように思えたのは『移民者たちの愛国補償心理』というものだった。誰でも祖国を離れれば祖国への関心と愛情はつのる。そして米国移民のように米国の主流社会になかなか溶け込めない場合はとくにそうだ。しかも一方では祖国を捨ててきたという心理的な負い目がある。そこから彼らはことのほか祖国への愛情確認にうえることになるのだ」と説明している。

このほか、ユダヤ系アメリカ人のほうがイスラエル本国のユダヤ人よりも、無批判に対パレスチナ強硬派を支持する傾向があることもその一例といわれる。

また中東のアル・ジャジーラ局による放送も反米勢力や、遠方に住むイスラム教徒に対する強い影響力を持っている。これらは、広い意味での「遠隔地ナショナリズム」の実例だ。

ただし、日本移民の場合、本国に対して強い影響力を持たないので「遠隔地ナショナリズム」には相応しくないとの議論もある。純粋な「愛国補償心理」としての側面が強いとの意見だ。

しかし、2008年のブラジル日本移民百周年を機会に日本移民に関する日本国内での報道が増えてきたことや、在日ブラジル人コミュニティと伯国との関係性も考え、国境を越えてナショナリズム傾向が影響を与えあう関係性に着目し、広い意味での「遠隔地ナショナリズム」という言葉を使って括り続けたい。

アンダーソンによれば、封建時代には地域ごとにバラバラだった口語としての言語が、近代国家によって共通語としての「国語」が制定され、印刷技術の発展によって新聞や書籍という形で書き言葉が普及し、ラジオやテレビなどが広まったことで、徐々に「国民」という意識が共有されるようになったという。

このように、メディアの発展と資本主義、国民意識形成は不可分の関係にあることを「出版資本主義」という言い方で表現した。

アンダーソンは「国民とはイメージとして心に描かれた想像の政治共同体である」と考え、約二百年前に誕生したとする。そこへの帰属意識を支える「ナショナリズム」の発生により、それ以前の素朴なパトリオティズム（郷土愛）と区別する。

さらに交通機関の進歩により、それまでは地域社会内に限られていた労働力需給関係が、移民という「国民」の形で世界に広がった。移民たちが帰属していると考える「想像の政治共同体」も、世界中に飛躍的に拡大した。

この時、「郷土愛」から出発した素朴なナショナリズムも、移住先から出身国の民族運動や政治運動に共鳴したり支援したりする「遠隔地ナショナリズム」に変質した。

ブラジルに住む日本移民にとっては日本や日本民族という存在が、「想像の政治共同体」として脳裏に刻み込まれ、実体としてはブラジルの領土に住みながらも、精神的には日本の飛び地ともいえる状況を作っていた。

特に、戦前においては総領事館の指導と、邦字紙や短波ラジオという素朴な日本語メディアによって、同胞社会に強烈なナショナリズムの集団心理が喚起され、勝ち負け抗争に発展したのは周知の事実だ。

ブラジル移民のナショナリズム傾向をもっとも端的に示すエピソードは、終戦直後に起きた「勝ち負け事件」だろう。いったい、どのようなメカニズムでそれが起きたのか。

## 勝ち負け抗争の心理的背景

終戦直後、ブラジル移民の圧倒的多数は日本の敗戦が信じられず、ポ語メディアの情報を受け入れていたインテリ層の「負け組」と鋭く対立し、そのごく一部が暴発するように勝ち負け抗争を起こした。

この時、移民一般の頭の中には「勝ったはずの日本」という「想像の政治共同体」が、現実を凌駕する鮮明さで存在したに違いない。

アンダーソンによれば、同じ時間を生きている感覚「同時性」と、同じ境界の内部に属しているという感覚「限定性」の二つが、共同体という感覚を成り立たせる二大要件だという。

戦前の同胞社会に「同時性」を与えていたのは、邦字紙による情報と各移住地を巡回して回ったシネマ屋やビアジャンテ（旅商人）、そして日本から直接発信されたナショナリズムのメディア、大本営発表を伝えた短波放送「東京ラジオ」だった。

一般の移住者は、それらがもたらす祖国の戦勝情報をむさぼるように聞き、いつか錦衣帰〝国〟するであろう自分の姿を夢見た。現実の生活が辛ければ辛いほど、そのような情報に逃避する傾向があったのだろう。

伯国社会と同胞社会の間に、明確な境界線としての「限定性」を与えたのは日本語であり、戦前の移住地や植民地という完璧な日本語環境だ。

境界の中には、近代国家としての日本が作り出した、ナショナリズムの基礎「国語」を広める日本語学校が集団地ごとに作られ、戦前だけで500校ちかくあった。

1930年代のブラジルもまた国家形成の時期であり、ヴァルガス新国家体制というナショナリズム旋風が吹き荒れ、外国移民に対して同化を強いていた。移民子弟へのポ語教育政策の強要は、「ポ語世界＝ブラジルへの同化」という言語的な境界線を印象づけた。

これらの出来事は日本民族にとって未体験の事態であり、少数民族としての不安感や緊張感が集団の団結意識を強め、境界をより鮮明にした。

「想像の政治共同体」が現実を超えるほどの存在感を持つには、この二つの要件と同時に、メディアとの関係も重要なポイントだった。

日本移民にとっての戦争は、目の前で行われているものではなかった。あくまでもメディア（ビアジャンテも含む）を通して伝わる情報であり、その信憑性には解釈の幅があった。

ブラジルの新聞は日々刻々と戦況を伝えていたから、勝ち負け抗争が起きたのは、情報の量の問題ではなかった。

問題は、信憑性という情報の質にあった。信憑性の根元は、信頼に足る権威筋から発せられる情報であることだ。かつて権威ある情報は、邦字紙が日本語でもたらすものであり、本国の情報に関しては総領事館を通した「広報」が最も重要なものだった。

ところが、四一年に邦字紙は強制廃刊され、四二年にブラジル政府は枢軸国と国交断絶を宣言し、日本外交官総引き上げとなり、精神的には〝日本の飛び地〟のような状態だった同胞社会は、突然「信憑性のある情報」という指針を失った。

外交官の帰国などで指針は失ったが、目の前にある伯国政府という権威に指針を求める方向へはいかず、頭の中の「想像の政治共同体」の存在感をさらに増す傾向で自分たちの精神的安定性を補強した。

その延長線上に、元々の最高権威筋であった大本営放送「東京ラジオ」から流れてきた玉音放送すら信じられなくなる事態を迎えた。

この時点が、同胞社会にとって、日本が発表する事実よりも、同胞社会内の「想像の政治共同体」の方が現実感を増した決定的な瞬間だった。

## 極限心理が求めた救い

戦前戦中、移民たちは敵性国民としてブラジル政府や一般社会全体から、圧倒的なプレッシャーを感じていたに違いない。

半田知雄氏は『移民の生活の歴史』（1970年・家の光協会）の中で、戦時下の同胞の心理状態をこう表現する。

「多くのものが警察に拘引され、留置場にたたきこまれ、ときには拷問されたという噂があり、不安がつのればつのるほど、この状態を脱出するための未来図は、東亜共栄圏内に建設されつつあるはずの『楽土』であった。民族文化を否定され、そのうえ日常生活のうえで、一歩家庭をでれば、戦々恐々として歩かねばならないような息苦しさに、ブラジルに永住する心を失った移民たちは、日本軍部が約束した共栄圏のみが、唯一の生き甲斐のあるところと思われた。それは、この世に望

みを失ったものが、極楽浄土をのぞむ気持ちにも等しいものであった」（640頁）
伯国政府による邦字紙廃刊命令と日本外交官帰国という、民族的に未曾有な環境が心理的な緊張感を高めるジョウロの役を果たし、「負けるはずはない」という願望が、ついに敗戦という情報を超えてしまった。

「一九四五年八月十四日、最後の勝利も近いと期待していた同胞のもとにもたらされたものは、晴天の霹靂の祖国敗戦の報であった。この衝撃の報はたちまちにして情報機関もない邦人社会のすみずみまで伝わり、ひとりひとりになすところを知らない呆然自失の打撃を与えたが、時を移さずそれはデマであり、事実は日本大勝利の逆転の報が伝えられた」（宮尾進著『臣道連盟』182頁、人文研叢書、03年）。そして「ほとんどの者がそれを信じたのである」とある。

いつかは帰国するとの願望を抱いていた大半の戦前移民にとって、「敗戦」は帰る場所がなくなることを意味し、感情的に到底受け入れられるものではなかった。

半田氏は「広報」とはかくあるべきというイメージを、こう説明する。「堂々と日章旗をひるがえした帝国軍艦か、あるいは日の丸をえがいた飛行機に搭乗する天皇陛下の御名代としての全権使節によって、ブラジル政府ならびに在伯日本帝国臣民にもたらされるものでなければならなかった」（648頁）。

情報の有無が問題ではなかった。日本語「詔勅」ではなく、外国政府の手を経てポ語の「メッセージ」が外電でまわってくる伝達の仕方自体に信憑性の問題があった。

だから、「天皇の神聖な詔勅が、ポルトガル語で新聞にでたというのが、すでにおかしい。そして、それが敗戦を告げるものであってみれば、なおあやしい。勅書は偽造されたものとみなされたのである」（同頁）という当時の移民一般の心理が生まれた。

その願望と現実の狭間に移民の心のゆれが凝縮され、信憑性のある情報源がないという特殊な状況が、戦勝情報を広げる余地を作った。

このような極限心理においこまれていた移民の頭の中には、「想像の政治共同体」としての日本や日本民族の理想像が想起された。そこに強く救いを求める心理が働いたとして、誰を責めることができよう。

## 理解されない移民の心情

「どんなに考えてみても、たとい百歩をゆずって、敗戦が事実だとしても、二十万同胞の在住するブラジルに、正式な使節が派遣されないという理由はない。ただこの一事によっても、敗戦ということが、いかにでたらめであるかわかる」（半田知雄著『移民の生活の歴史』６４８頁）。

これは、移民の自尊心に関係する重要な心理だった。使節が送られないことは、自らの存在が日本政府から顧みられていない、つまり棄民である証拠であり、それもまた「ありえないはず」だった。

だが、日本は勅使を送らなかった。送れる状況にはなかったのかもしれない。もしくは優先事項ではなかった。切ない事実だが、それが20万同胞に起きた現実だった。

未曾有の極限心理におかれていた移民一般にとって、敗戦を信じることはできたはずだが、そのためには、納得できる伝達経路、段階を経る必要があった。

このあたりに、後に続く不幸な事件が起きる遠因が秘められていた。

終戦後一年ぐらいで、日本からの郵便物は再開された。しかし、すでに「想像の政治共同体」に託す想いが一線を越えてしまっていた移民一般は、親類からの私信すらも偽ではと疑う心理になっていた。

待ちに待った邦字紙は1946年からサンパウロ新聞、南米時事、ブラジル時報、パウリスタ新聞などの発行が開始されたが、勝ち組、レロレロ（注＝勝ったとも負けたとも言わない中間派のこと）、負け組と各々の主張で出されたために、即急な事態の収束にはつながらなかった。

アンダーソンは「想像の政治共同体」の特性に関して、こう説明する。

「国民は一つの共同体として想像される。なぜなら、国民のなかにたとえ現実には不平等と搾取があるにせよ、国民は、常に、水平的な深い同志愛として心に思い描かれるからである。そして、結局のところ、この同胞愛の故に、過去二世紀にわたり、何千、何百万人の人々が、かくも限られた想像力の産物のために、殺し合い、あるいはむしろ自らすすんで死んでいったのである」（『想像の共同体』19頁、1987年）。

終戦6年目の1951年、日本に多数の永住帰国者が渡り、日本の新聞にも報道された。半田氏はその時のことを、次のように記す。

「日本の新聞が伝える勝ち組の姿は、『時代おくれの人間のカリカツーラ（戯画）』としてのそれであった。移民社会におこった悲劇については、時代の先端をいくジャーナリストといえども日本では到底理解できるものではなかった。忠良なる臣民であったがために、祖国を信頼していたが故に、無知とあなどられ、時代おくれと軽蔑されながら陰謀にまきこまれていった移民の心情は、移民の歴史を知り、異国に苦労をかさねた人々以外には理解することができなかった」（同659頁）。

結局、二十数人の尊い命が失われ、勝ち負け抗争の事態が収束するまでに十数年を要した。ここから多くの何かを学べるはずだが、残念なことに、まだ、まとまった取り組みは少ない。

## 「勝ち組＝テロ」は本当か

前節までは、極限心理に置かれた同胞社会が集団幻想として想起した日本民族という「想像の政治共同体」が、どのような条件と過程によって、現実を越えるほどの存在感を生んできたか、を見てきた。

このような勝ち負けの歴史は戦後、文協初代会長になった山本喜誉司氏をリーダーとする認識派によって「正史」として綴られてきた。でも、戦後60年を経て、その記述が公正さを欠くものだったのでは、という疑問がでてきている。

歴史は、時の権力によって解釈される。戦後初、コロニアの公的機関が編纂した正史『七十年史』（1980年、同編纂委員会）では、「勝ち組＝テロ組織」というイメージを定着させようとする記述が目立つ。

例えば「臣道連盟の名で代表されるいわゆる勝ち組（信念派、強硬派とも呼んだ）」（84頁）とか、「事実、後に記述するテロ行動に参加していた者は臣道連盟が傘下に集めた、諸団体のいずれかに所属していて、臣道連盟はこれを『推進挺身隊』と呼び直接に暗殺を担当させたものを『特攻隊』と称していた」（同）などと延々と関連した記述が続く。

もちろん、戦後再開した邦字紙も、そのイメージ定着に一役果たしたことはいうまでもない。

それに対し、フリージャーナリストの外山脩氏はその著書『百年の水流』（２００６年）の中で疑問を呈し、反論を試みている。まず、第一に「特攻隊」という言葉使い自体が、実は当時使われておらず、特〝行〟隊であったと３６０頁で立証している。

「テロ事件の最初の報道の段階で、決行者の隊名『特行隊』を『特攻隊』、それも臣連の一組織であるとする勘違いが起きた。ためにコロニアだけでなく、ブラジル社会までが『臣道連盟の特攻隊がテロをやった』と信じ込む。驚くことに、これは通説となり、今日まで生き続けている。六十年間も……。ジャーナリストですら、それに気づかず、記事を書き、ときには本としている」（４６９頁）。

このような疑問を呈する論考が大々的に公表されることで、「正史」と考えられてきたものに怪しい部分がある、という検証作業が、ようやく始まった。

長い間、この問題について調べることは、「当事者が生き残っている間は不可能」との暗黙の了解があった。負け組系の邦字紙は勝ち組人物を紙面で扱わず、その逆もまた真だった。

しかし、現在では多くの当事者が鬼籍に入り、コロニア御三家の影響力が衰える時代になり、疑問が公にされるようになった。

『七十年史』には１９４６年時点で臣道連盟には支部80、会員十数万人を擁した（85頁）とある。

少数派であった認識派が権威を維持するためには、勝ち組の勢力を削ぐよう悪役化する必要があったのかも知れない。

60年経った今も「私は勝ち組だった」「自分の親は臣道連盟だった」と言いづらい雰囲気が濃厚に残っている。

『百年の水流』では「事件に、連盟員が仮に関係していたとしても、それは個人としての行動であったろう。さらにダメ押しの様な一言が、佐藤正信さんの口から漏れた。――もし、臣道連盟がテロをやっていたら、とても、あんなものでは済まなかったでしょうヨ。著者はアッと思った」（440頁）。

現実よりも強力な存在感を持つという一線を越えてしまった「想像の政治共同体」が、組織として実体化したのが臣道連盟だったのかもしれない。

## 勝ち組民衆の声はいずこ

あえて「自分のオヤジは臣道連盟だった」と公言するのは、中野文雄さん（86歳・福岡県出身）＝聖市在住＝だ。「そのおかげでオヤジはある時期、自宅にいるよりカデイア（刑務所）にいる方が長いくらいだった」と振り返る。

「あんなに大騒ぎになったのは、日本人が日本人を侮辱した挑発的な行動をとったのが最大の原因。反発する若者がいたのは当然のこと」とし、当時、警察権力と結びついて駅周辺をパトロールしていた認識派による自警団の存在を挙げる。

「特行隊は臣道連盟の組織ではないと思う。うちのオヤジはテロに反対し、監獄に囚われていた勝ち組同胞救済に尽くしていた。臣道連盟は皇室を中心として栄えようという精神修養を目的とした団体だった」との考えをのべた。

負け組側は、特行隊という特別な存在を「＝臣道連盟、勝ち組」という風に拡大解釈し、その認識を正史として一般化させることで、結果的に、勝ち組民衆の声を抑圧してきたという考え方だ。大多数を占めたはずの勝ち組の声は戦後、文協を中心とする権威筋が認識派史観を編纂することで歴史から抹消されてきたのかもしれない。

北原徳美さん（82歳・愛媛県出身）＝聖市＝もまた「自分は臣道連盟会員ではなかったが勝ち組だった」という。「当時、コロニアの8割は勝ち組でした。臣道連盟といったって日本の臣道実践をブラジルでやろうという団体」との認識だ。

勝ち負け抗争と移民のアイデンティティ形成に関し、パウリスタ新聞社の『コロニア五十年の歩み』（1958年）は、こう総括する。

「戦時・戦後の経験は、ブラジルの日系人が同じ運命につながっていることを教えた。それは同じ移民と言っても、日本帝国の銃剣に護られて、満支の、南方の経営を唱えた人達の運命とは縁の薄いものであり、それは『皇道』の美名の下に、南方の『現地民』の宣撫にあたった選民ニッポン人には味わえない体験の数々であった」

このような集団としての特異な経験が、日本とは異なるコロニア独自の共通心理として深く心に染みこんでいった。

戦後初の正史『七十年史』は「カチ・マケ騒動の夢からさめて周囲を見回したとき、年と共に老いゆく一世移民が見いだした道はブラジルへの定住以外になかった」とし、「かつて在留民とよばれ、自らも在伯同胞、在伯邦人社会と呼んでいた移民たちは、このよび方に違和感をもち、代わって、日系コロニア、日系人という用語を慣用するようになった。まさにアイデンティティの変化である」（101頁）と結論付けた。

『コロニア五十年の歩み』でも、「戦時・戦中の空白時代というけれども、実は空白どころか、コロニアの最も充実した成長期であり、人間形成期であったのではないか。戦争のトンネルをぬけて、再び晴天が訪れたとき、ブラジルの日系人はもうかつての『在留民』でもなく、『ブラジルの本邦人』でもなかった。われわれはコロニアとしての成長をとげていた」（4頁）という前向きにとらえる視点を提示し、歴史の汚点ではなく、むしろ成長の糧であったと論じた。

このような形のアイデンティティの葛藤は日本国内にはなかった。

移民初期から国際的な環境で日本人としてのアイデンティティを固めていった日本移民は、このような戦時・戦後の独特の経験を通して、直接に戦争を体験した日本の日本人とは異なる近代を生き延び、それらの積み重ねから別の集団アイデンティティを形成した。

これは戦前の思想を色濃く残しながらも、ブラジルに根を張った、国籍を超えた日本民族（エスニック）としての思想傾向であることが特徴だ。これは時を越え、伏流水のように思わぬところから吹き出している。

## 七生報国説く二世軍人

戦前、日本政府は在外公館や「東京ラジオ」などを通して、自国領土の外に「日本国民」を作ろうとした。この「遠隔地へのナショナリズム政策」の強い影響を受け、さらに同胞社会は多国籍な就労環境という刺激の中で、独自色の強いナショナリズム傾向を育んでいった。

異民族に囲まれて生活する日本移民にとって「想像の共同体」としての「日本国民」は、厳しい状況に置かれれば置かれるほど明確な輪郭を持つようになり、敗戦という受け入れがたい現実を前にし、「勝ち組」という結実をもたらした。

戦後、認識派史観が一般化される中で、勝ち組の想いは正史から抹消されたかに見えた。しかし、その影響はグローバリゼーションの現代において、伏流水のように姿を変え、脈々と受け継がれている。

日本民族としての感情発露の一例として、ある日系二世の陸軍元将官の講演内容がある。

2004年10月に行われた講演会では、4年後に控えた一大イベント、日本移民百周年に関連して、日系子孫としてどのような心構えで百年祭に望むかという精神論が説かれた。

日系将官は日常会話なら日語で十分だが、この時は全てポ語で行った。

「神風は二度吹いた。二度の蒙古襲来から守られたことで、神のご加護が証明された。第一代の神武天皇から始まり、百二十五代となる今上天皇への系譜。我々は全てパレンチ（親戚）であり、日本に生まれた父母・祖父母を通して一系に連なっている」と熱く力説した。

天皇即位十周年記念ビデオ『奉祝の灯』の一部を上映、全員が起立して国歌（君が代）を斉唱した。天皇家、日の丸、国歌が日本の三大シンボルであるとし、その意義を説いた。「私たちはブラジルに生まれたが、このシンボルをどのように考え、どこへ向かったらいいのか？」と真摯に問うた。

さらに、後醍醐天皇のために一命を投げ打ち、戦前は皇国最大の英雄と慕われた楠木正成の有名な言葉「七生報国（しちしょうほうこく）」を説明した。

少なくとも戦後移民だけの集まりでは、ここまでの民族感情を訴える場面はほぼない。戦前に人格形成した二世ならではの純粋な思考だろう。

さらに興味深いのは、ブラジルが唯一体験した戦争であるパラグアイ戦争の時、パラグアイ国軍に囲まれながらも、民兵と共に最後まで勇敢に戦って散ったアントニオ・ジョアン中尉の「死ぬのは分かっている。でも私と仲間の血は、わが祖国への侵略に対する永遠の抗議となるだろう」という言葉を引用し、ブラジルへの愛国心の重要さを訴えたことだ。

彼は「我々は何処からきたのか。そのルーツが分からなくなれば、Autenticidade（真正さ）を失ってしまう」と強調し、日系人としての認識を深めることが伯国に貢献すると説いた。

つまり、皇室を敬うことと伯国軍人であることは矛盾せず、戦前の日本精神を日系的に解釈して「愛国心」という言葉に昇華している。

ここでは日系人としての民族（エスニック）的な心構えがテーマになっていたが、聞きにきていた高齢の日本移民は、日本のナショナリズムの観点からそれを批判した。

「私たちが学校で習ったような歴史の話ばかり。私には学歴はありませんが、大和魂は誰にも負けません。もっといい話が聞けるかと思ってきた」。これでは完全に文脈が違っている。陸軍将官は後輩である若い日系二世、三世向けに、ポ語で日系人としての誇りの持ち方、百周年という節目に向けての心構えを講演したのであって、「釈迦に説法」よろしく戦前一世に大和魂を説いた訳ではない。

でもコロニアでは、このような誤解が日常的に起き、米国民主主義の洗礼を受けた戦後移民一世と、同年代の二世との対立の基底となってきた。

## エスニック「日系民族」

移民のエスニック研究をするサンパウロ大学の森幸一教授は「ブラジル移民のナショナリズムは、日本のそれとはまったく違う。あくまでもブラジル国内の、エスニック（民族）としてのナショナリズムの問題だ」との立場を強調する。

国籍を超えた「日本民族」という存在は、「日系民族」といった方が適当かもしれない。これは、外国における純粋なエスニック思考に他ならない。この傾向が、戦前生まれの二世らを通して、現在にもつながるコロニア全体の基底文化を作ったといっても過言ではない。

伯国がポルトガルのそれを基底文化としているように、コロニアの、特に地方の日系団体においては戦前日本の村社会、共同体の雰囲気を現在も色濃く残している。

その傾向の表面的な特徴を日本側の立場から解釈して、「明治の日本がある」と表現しているようだ。それもまた無理もないことだろう。外国の領土において、一世紀の長きに渡り、数十万人規模の日系集団がエスニック傾向を維持するという経験を、日本自体も見たことがない。

戦前移民の子供である高齢二世は実に独特な世代だ。1月に刊行されたポ語『O Nikkei no Brasil』（ブラジルの日系人）で、コーディネートをした原田清弁護士自らが担当した第2章「日系の統合と発展のプロセス」に、二世の側からみた興味深い「nikkei」の定義が書かれている。

「今日のニッケイは日本人とは違う。単に二重であるのではなく、日本人の魂をもってブラジル人として振る舞う。ニッケイはブラジルを母国とする日本人とその子孫のことで、本国ではもう見られないような（伝統的な）日本文化をわかちがたい絆として引き継いでいる」（47頁）。

どんな伝統的な日本文化が次の世代に継承されるのかと原田氏に問うと、「勤勉、真面目、責任感、義理、恩、礼などが残ると思う」と答えた。同年代の日本の日本人に質問をしても、同じ答えはまず返ってこないだろう。

父親が勝ち組だった原田氏にとって、司法界のエリートといえる存在になった現在も、幼少時に父親から叩きこまれた価値観は理屈を越えて生き残っている。

二世らは、明らかに戦前日本の軍国主義とはまったく別の文脈で話をしているにも関わらず、つかっている語句があまりに鮮烈な印象を残すので、それを戦後の日本的文脈で解釈してしまいがちだ。このズレは十分に心得ておく必要がある。

前節で紹介した日系陸軍将官の例でも明白なとおり、伯国内のエスニックという立場でどんなに皇室崇拝しても、日本の軍部に直結することはありえず、日本国内のそれとは根本的に異質だ。

皇室はブラジルにおいては「ジャポネース」の象徴として敬愛されている。それは日本人を源とする血縁集団にとって、国籍を超え、国際的に通用するシンボルであり、「日系民族」のアイデンティティの核になる重要な精神的支柱として特別な存在だろう。

そして、百周年を迎えた今年、日本的な伝統を残しつつ伯国に統合している日系社会の姿が、新たな異文化統合のあり方として、伯国や世界から大きな注目を浴びたことは記憶に新しい。

昨年、ノロエステ在住の勝ち組系の二世長老から興味深い話を聞いた。

「戦後、認識派の子孫はどんどんコロニアから離れ、同化して消えていったが、我々は日本語や日本文化の灯を絶やさなかったから生き残った。そして、むしろそれが評価される時代になった」。

米国の影響を強く受けながら日本がたどった戦後とは違う、コロニア独自の63年に対する評価の一つだろう。

時代は一巡りして百周年を迎え、ブラジル社会は日系社会に日本的なものを求め、それを賞賛した。単純な同化論争ではなく、継承と統合のバランスの問題になってきたともいえる。これもまた、グローバル時代が見せる新たな側面かもしれない。

## NHKテレビ放送の衝撃

「サントスでヨーイドン！」という言葉は、移民独自の心情のひだを良く表現している。

第1回移民船笠戸丸以来、かつて日本移民はブラジルまで船で40日、50日かけて渡るという一種の通過儀礼を体験することにより、地球の反対側にある「新天地」に到着したと実感した。

赤道通過時に行われる「赤道祭」や運動会は、移住体験に欠かせない心理的な〝儀式〟だった。おなじ〝儀式〟を体験したもの同士の心理的な結束は強い。日本では学校の同窓会が一般的だが、移民にとっては「同船者会」という存在が別格だ。同じ船にのり、同じ不安を抱えて伯国にやって来たという共通の体験が、あたかも伯国という外地における「戦友」のような連帯感を生んでいる。

船を降りてサントスに上陸することは、その瞬間に、日本での学歴や家系、経歴を一端断ち切り、人生の全てを一から再出発させることを意味した。渡航費用が高かった当時、その過程を経る中で自然に「滅多なことでは帰れない」という心構えができていた。

移民船での共通体験を持つ世代に対し、交通機関が発達して航空機移住世代になった1970年代以降は、この〝儀式〟を経ていない。移民としての心構えには、おのずと差異が生まれただろう。

さらに、90年代以降のデカセギブームによる航空運賃の低下、わずか30時間で日本へ行ける容易さ、インターネットや衛星放送の普及による映像をともなった臨場感のある日本の情報などの環境変化は、まさにグローバル化のたまものだ。

この変化もまた、移民の心理に大きな変化をもたらし、今までとは別のレベルで「遠隔地ナショナリズム」が生まれている。

伯国でも1998年10月から「NHKワールドTV」（外国人向け英語放送）、2000年3月から「NHKワールド・プレミアム」（在外邦人向け日本語放送）が視聴できるようになり、祖国の情報に飢えていた一世らは貪るように画面に食い入るようになった。

1998年、軌を一にしてNHKのど自慢大会の聖市大会が開催され、NHKへの関心は一気に高まった。

NHKが見られるようになった時の衝撃は大きかった。映像という形で、今現在のナマの日本が臨場感豊かに伝わってくるようになった。

さらに大相撲の生中継には、ニュース以上に大きな関心が集まった。それまでは、短波ラジオのNHK放送にかじりついて聞くか、邦字紙の文字情報を待つしかなかったものが、動く力士が見られるようになった。

本場所開催中は、多くが朝4時頃に起床し、朝のあいさつは「睡眠不足ですね」と言い合うことが半ば慣習になった。

また、朝の連続ドラマ『ちゅらさん』の放送後は、日本同様、リベルダーデでもニガウリが当たり前に日系商店の軒先に並ぶようになった。

日本移民の高齢者が初めてNHK国際放送に接した2000年のころ、同居する二世の息子たちが気味悪がったという話をよく聞いた。

親たちは一日中テレビの前に座り込み、夕方にも関わらず、12時間時差のあるNHKの朝のニュースで「おはようございます」と画面から言われると、オウムがえしに返事をしたという。それを見た息子らは「パパイ（父）は頭の中では日本にいるみたいだ」といっている話だった。

## 通信の発達が創り出す「郷愁」

前節で触れたように、移民船から旅客機に移住手段が変わったことは、単に移動時間が短くなっただけでなく、移民心理にも影響を与えている。

その交通手段の発達の先には1980年代に始まったデカセギ現象があった。これに加え、グローバリゼーションの別の側面である通信の発達により、1990年代末からNHKがブラジルでも見られるようになり、インターネットも普及し、移民とその子孫の「想像の共同体」にも大きな影響を与えているようだ。

日本映画の常設映画館の全盛時代には4軒もリベルダーデに立ち並び、映画こそが日本を覗くための魔法の鏡だった。作られた「美しい日本」「あこがれの日本」がそこにはあった。

1980年代から、日本のテレビ番組を録画して貸し出すレンタルビデオが全盛になり、逆に映画館は衰退した。だが、日本映画にしても、レンタルビデオにしても、映像ではあるが「想像の共同体」を形成する要素としての同時性には薄かった。場合によっては3年前、5年前の映画や番組を見ていたからだ。

かつて進出企業の駐在員を中心に日本大手紙の衛星版購読者もいたが、聖市以外の地域では数日遅れ、同時性の面では後れを取った。さらにインターネットの普及により、ニュースサイトを通してタダで即時情報に触れられる環境ができ衛星版は下火になった。

しかし、2000年3月から始まった「NHKワールド・プレミアム」(在外邦人向け日本語放送)はまさにナマだった。特にニュースを見ていると、まるで日本にいる気分になる。外国において、これほどの同時性を催す媒体はない。

生映像の力は強い。新聞という活字媒体はどこか客観性が残ったり、逆に想像力で補ったりする部分がある。今一瞬を共有している感覚、「同時性」という点でテレビは優れている。

劇場の観客と同じような臨場感が生まれ、特に最初の頃は、前節で紹介したような「頭の中は日本」になる効果を一世世代にもたらした。

以前から、なにか気に入らないことが起きれば「日本なら」と単純に比較しがちだった一世にとって、この媒体が生まれ、簡単に加入できる意味は大きい。

いつの間にか伯国のニュース番組よりもＮＨＫを見る比重が高くなり、それにともない自分の関心の重心が、地元のブラジル情勢よりも、地球の反対側の日本に入れ替わってしまう恐れが指摘されている。

例えば、ブラジルに住んでいながら、２００８年10月に当地で行われる地方統一選挙の誰が当選するかより、いつ日本の総選挙が行われて誰が新首相になるかに関心が集まっているような状態だ。

言い方をかえれば、物理的身体はブラジルにあるが、心は衛星映像を通したバーチャルな日本と強く共鳴してしまう。消えかけていた熾きのように、ＮＨＫを見なければ自然に鎮火していたかもしれない移民独自の強い「郷愁」、もしくは「想像の共同体」への帰属意識に油を注ぐ効果があるかも知れない。

これを後押ししているのは、何年たってもホスト社会にどこかなじみきれない移民心理だ。移民にとってＮＨＫを見るということは、自分が日本という「想像の共同体」に所属していることを確認する作業でもあるようだ。

このような見られ方を、ＮＨＫ自体は想定していないだろう。だが、モノやサービスが簡単に国境を越えてしまうグローバリゼーションの現代において、作る側が予期しないような、別の受け取られ方をすることはありえる。

日系社会の一部にとってのＮＨＫ国際放送は、邦字紙などの現地日系媒体を超える存在感を持つエスニックメディアとして機能しはじめている可能性がある。

## ＮＨＫ放送が作る新「共同体」

ＮＨＫによれば、海外在留邦人を対象とした「ＮＨＫワールド・プレミアム」は今年４月時点で、伯国内において38万世帯もの視聴可能者がいるという。

厳密にいえば、ＮＨＫを含む番組パッケージを契約している世帯数と考えられ、そのうちの何割が実際にＮＨＫを視聴しているかは分からないようだ。もし、３分の１の世帯において平均２人が視聴していると仮定すれば、26万人が見ている計算になる。

伯国在住の日本国籍者は7万人弱しかいないから、残りの約20万人がバイリンガル二世層と推測できる。

なぜ20万人をバイリンガル二世層と仮定するかといえば、日本語が分からない非日系層は外国人向けの英語放送「ＮＨＫワールドＴＶ」を視聴していると考えられるからだ。でも、そちらの方は、全伯で契約者数２９０世帯しかおらず、ＮＨＫ的には「ほぼゼロといってもいいような数字」という状態だ。

日系人口200万人中の20万人だとすれば、10人に1人が見ている計算になる。邦字紙を合わせても数万部しかない現状を考えれば、日系社会に最大の影響力を持つメディアは実はNHKである、といっても差し支えない状況だ。

邦字紙の購読料の約3倍にもかかわらず、NHKは短期間に38万世帯もの契約者を取得できたのは、一世よりも経済的に安定している二世層が主たるマーケットだからだ。心細い年金収入に頼る一世の市場ではありえない。

そして、テレビ媒体の特徴である、読み書きできなくても会話ができれば、おおよその内容が理解できるという特性が、バイリンガル二世にはうってつけだった。読み書きが必要な邦字紙には手は出ないが、日本について関心がある、というバイリンガル二世層が飛びついた。

しかも、ブラジルのテレビ媒体の特徴である毎日放送されるノベーラに似た存在である「朝の連ドラ」まであり、その舞台は移民が日本を出た戦前戦後が比較的多く、親しみやすい。

NHK衛星放送が始まる前、二世の多くは親が語る古き良き「故郷」や日本映画のイメージを、理想の場所たる日本＝「想像の共同体」として思い描いていたに違いない。「朝の連ドラ」にみるヒロインや脇役たちの関係は、「故郷」のイメージに近いものがあるのかもしれない。

都市なみの日系人口が、日本語という「限定性」の高いメディアを共有しながら、同じ時間を生きている「同時性」の感覚をはぐくんでおり、NHKの影響を受けた新しい「想像の共同体」が生まれつつある。

外国籍者がこれだけの人数、日本語で視聴しているのは、世界広しといえど、ほぼ他にありえないだろう。

しかも、ＮＨＫの番組は、移民や日系人の編集の手を経て日系人向けに作成された紙面や番組ではなく、日本の日本人向けに作られたものだ。外国人向けに作られた英語放送はわずかな世帯しかおらず、日本人向けが圧倒的多数を占める意味は熟考に値する。

これは、かつて日本の国語教科書をブラジルの日本語学校で使っていたのに似ている。日本人としての考え方を自然に体得する国語は、外国人として育つべき日系子弟に相応しくないという論争が起き、コロニアでは外国人向けの教科書を編纂してきた歴史がある。

グローバリゼーションが進展した現在、親が語らなかった部分の日本、もしくは親の時代には日本では起きなかった事件も、ニュースを通じて流れ込むようになった。かつて両親が担っていた以上の役割をメディアが担う時代になった。

前節で「パパイ（父）は頭の中では日本にいるみたいだ」という二世の息子たちが気味悪がる感想を紹介したが、実は二世自体が感化されはじめている。

ニュースやドラマが物語っているのは、単なる情報だけではない。背景となる「日本人的な物事の感じかた」「日本的世界観」も自然と見る者の心に流れ込んでいる。

これだけ二世視聴者が集まった現象の背景を考えると、実は彼らにも「想像の共同体」の一員であることを確認したい欲求が強い、ということが言えるかもしれない。ポ語のできる二世がＮＨＫを見る理由を、次節で推測してみたい。

## 日本回帰する高齢二世層

弊紙ポ語版「ジョルナル・ニッパキ」はもちろん、日系人向けポ語新聞ニッポ・ブラジル紙にもNHK番組表が掲載されており、NHKの都合で突然、時間割が変更されるとポ語で苦情がくる時代だ。

視聴者であるバイリンガル二世の多くは戦前からの流れで、心のどこかに「日本精神」のカケラを抱えている現在70前後以上の世代だと推測される。戦後、一生懸命に一般社会で「優秀な伯人」たろうとエリート伯人と競って働き、ようやく定年退職した世代だ。

気を張って実社会でがんばってきたが、ようやく定年にたどり着いた頃に、NHKが現れた。それを見るという行為には、「今なら許される日系回帰」的な部分があるように思える。やはり、どこか「想像の共同体」への帰属を確認する作業でもあるだろう。しかし、なぜ日系回帰をする必要があるのか。

東京のブラジル総領事館に2005〜2007年まで勤務をした現役の外交官ジョアン・ペドロ・コレア・コスタ氏が書いた『De decassegui a emigrante』(「デカセギから出移民へ」・Fundacao Alexandre de Gusmao 刊・2007年)には二世やデカセギに関する興味深い考察があふれている。

近代国家としてのブラジル形成には「三原種神話」(139頁)があるという。「欧州白人」「アフリカ系黒人」「インディオ」という三つの人種が混淆を重ねて形成されたのがブラジル国民であるという基本イメージのことだ。日本人はそこに入っていないので、伯人一般から、今もってどこか「外人」扱いされている可能性があるとの議論だ。

生活の場において、伯人一般は日本の日本人と日本移民、さらのその子孫を明確に区別していない場面をしばしば目にする。つまり、ポ語の「ジャポネース」は、日本語では使い分けている「日本の日本人」「日本移民」「日系人」の全ての意味を含んでいる。伯人が考えている「ジャポネース」は、日系人自身のイメージとズレている。ここから多くのアイデンティティの問題が生まれているようだ。

米国エモリー大学でラ米研究をするジェフリー・レッサー教授が２００８年出版した日系研究『Uma Diaspora Descontente』（Paz e Terra 刊）には過激な表現が並ぶ。「日系人の多くはブラジルを自らの国家と認識しているにも関わらず、ブラジル人の大半は、日本こそが日系人の〝祖国〟だと思っている」（２０６頁）と指摘する。

リベルダーデ駅内には、よくブラジル銀行やブラデスコ銀行による日語広告が出ており、やはり、テレビの百周年関連のコマーシャルにも日本語表現が使われる。経済活動の中心世代である三～四世の大半は日語が分からないのに、なぜ日語で広告を打つのか、という疑問が常々あった。だが、伯人一般が「日系人の祖国は日本だから」とイメージしているからと思えば納得できる。

さらに戦前戦中派の二世エリートたちが口を揃えて、「日系人は伯国社会の一員である」とことある事に主張してきたのもうなずける。

彼らは再三、閉鎖的なイメージのある「コロニア・ジャポネーザ」ではなく、一般社会の一部分としての「コムニダーデ・ニッポブラジレイラ」であると主張してきている。実は、その裏には、そうでないと考えている伯人層が相当数いるからと考えられる。

「ニッケイ」という言い方はそれほど古くなく、まして「ニッポブラジレイロ」という表現は百周年においてすら伯メディアにおいて一般的ではなかった。

ポ語に不自由のない二世でも、一般社会の〝単なる一員〟になるには、このようにある種のカベがある。これは「顔」という身体的な特徴によるカベであり、言葉や文化によるものではない。

その結果、「ニッケイ」や「ニッポブラジレイロ」という新しい民族像が生成されつつある。この日系民族のエスニックメディアがNHK国際放送なのかもしれない。

移住という壮大な民族的な実験は、百周年の機会に盛大にブラジルから慶祝されることで成功裏に進みつつある。だが、何処かに根を張るという行為は、かくも難しいということも示しつつあるようだ。

## ブラジル日本会議が発足

NHKが発端で、こんな〝事件〟も起きた。

2005年6月、中国全土で反日デモが連日行われ、小泉首相の靖国神社参拝に対する批判が相次いでいた。同年6月7日付けニッケイ新聞にでた「中国政府に抗議へ＝日系人が集会予定＝東洋人街で11日」という小さな記事が異例の反響を呼んだ。

ことの発端は、NHKで中国での反日デモの様子をみたバイリンガル二世男性（60代後半）と同年代の戦後移民男性が憤慨し、「中国政府に対して平和的抗議集会を開こう」と意気投合、その足で来社したことだ。

その二世男性は行進とか、中国総領事館に抗議活動という意図はなく、「プラカードを手に持って立っているだけだったらいいだろう」と思って呼びかけた。

取材記者との会話で、「ブラジルはパレスチナ人とユダヤ人も平和に共存する国。ここに民族問題を持ち込んでは行けない」と語っており、十分に理性的な人物だった。

だが、在聖中国総領事館は、リベルダーデの中国系商店主を集めて緊急対策会議まで行ったという。折しもカナダの中国総領事館に抗議運動という報道があり、「不穏な空気の連鎖か」と思ったのかも知れない。

このような臨場感のある反応は、グローバル化なしには考えられない。

「遠隔地ナショナリズム」に関して、次のような例もある。聖市在住の村崎道徳さん（二世）がブラジルで自費出版した『血胤の声を聞け』（2002年・日毎叢書企画出版）という著作は、日本に向けた投稿文や邦字紙に掲載された文章をまとめて自費刊行したもので、「あるべき日本の姿」への熱い想いのたけが書き連ねられている。

1931年に聖州ミランドーポリス郡に生まれた村崎さんは、コロニアで生まれ育ち、日本語で母語教育をうけた。教育熱心だった母親の薫陶をうけて幼少から教育勅語を習い、「日本精神」をつよく持つようになった。二世として純粋に日本に憧れ、見たこともない日本へのノスタルジー

（郷愁）に似た想念を募らせていた。

注目すべきは、村崎さんはデカセギ現象にのって九一年から七年間も日本に滞在し、親から教えられてきた「古き良き祖国」の姿と、現実の相違を痛感している点だ。当時を「がっかりした」と振り返る。つまり「想像の共同体」が存在しないものであることを知ってしまった。

そんな時に偶然、作曲家の黛敏朗氏の講演会を聞き、「日本を思う真心にうたれた」。同じ志を持つ人たちがいることにも気付き、国会議員１００人が参加する日本を代表する保守系団体の一つ、日本会議の会員になった。

帰伯後、発起人の一人としてブラジル支部発足に奔走し、１９９９年には「日本精神」を共有するバイリンガル二世エリート層を巻き込んで設立された。天皇誕生日祝賀会を主催する他、皇居清掃団を隔年派遣するなどの活動を続けている。

「あるべき祖国」は喪失したが、国境を越えてナショナリズム傾向を共有できるネットワークが構築された。デカセギ現象があったから生まれたグローバル時代の副産物かもしれない。

村崎さんは著書の中で、「多民族国家ブラジルに生まれ、欧米白人の中で育ち、否応無しに生きるための国際人の感覚を身につけさせて頂きました」（１６８頁）と、日系人ならではの国際的な出自を自認する。

その立場から『正論』、『戦友連』（全国戦友会連合会）、『産経新聞』などの右派媒体の読者欄に投稿し、それに対して同調するような日本在住者の声を読むことで、自身の信念の正しさを確認してきた。

彼の活動は、日本に直接働きかけているという意味で、本来の遠隔地ナショナリズム傾向を示している。

興味深いことに、前述の抗議集会の開催が呼びかけられた時、ブラジル日本会議は「お世話になっているブラジルで政治活動を行ってはいけない」と中止を主催者に申し入れ、説得する側に回った。結局、集会は行われなかった。

やはり、伯国における「日系ナショナリズム」は、森教授のいう「エスニックとしてのナショナリズム」なのだろう。

## デカセギで〝故郷〟喪失

2001年10月に掲載した連載『出稼ぎ高齢者の見た日本』では、一世が切ない気持ちで思い描いていた「祖国」が、現実には異なる姿であることをデカセギで気付く、という心の軌跡を追った。移民にとって〝故郷〟とは、親密な人々との大切な思い出の舞台であり、物理的空間以上の心理的意味を持つ場だ。そこを離れたとたんにイメージが固定され、時と共に懐かしさを醸成する。でも、現実の故郷はいやおうなく変化してしまう。

例えば、連載時に78歳だった戦前移民男性（大分県出身）は、親から戦前式教育を受け「死ぬなら日本で！」とたたき込まれていたが、実際に見た日本に「違和感をうけた」という。「言葉には問題ないんだ。自動販売機の字が読めないわけじゃない。でも、実際には駅で切符の買い方一つ分からないんだ」というもどかしさを感じ、「やっぱり死ぬならブラジルで」と考え直した。

同じ「日本人」であっても戦中戦後、お互いが違う文化・文脈の時間と場所で生きてきたことで、何かがすれ違うようになった。

デカセギ経験の中で、一世は「自分が祖国から求められているのは、産業社会の最下層労働者としての役割だ」と体で感じた。その地位を「移民」と重ねて再認識し、祖国と自分の関係を問い直した。祖国とのつながりは金だけなのか、と。

一世の多くは、世界に誇る工業大国の最底辺を知るにつれ、祖国がどこか根底から変わってしまった寂しさを覚えた。以前には「胸をしめつける郷愁の中心舞台」であった故郷は、デカセギ経験を経て、ブラジル社会の「背景」へと遠ざかっていった。

移住生活では、好き嫌いを問わず異文化のいくらかを自らに取り入れ、それを含めた新しい考え方を肯定的に作り直さなくては、精神的に安定して生活することは難しい。一生我慢し続けられないから、耐えられなくなった時点で帰国するなり再移住する。今いる人は、伯国によって「選ばれた人」でもある。

数年で帰国するなら、異文化に出会った時だけ我慢したり、慣れるだけですむが、永住を前提とした場合、それが日常になる。

このように、目前の現実に合わせて考え方を組み直す経験の積み重ねの中で、いつの間にか、移民の中には独自の共同体意識が作り出されていたようだ。デカセギにいって、日本の日本人のもつ「日本人意識」と比べたときに、初めて違うものであることに気付いた。

1935年、10歳で親に連れられて移住してきた準二世（連載時76歳・山梨県出身）は、デカセギで貯めた400万円で西日本を旅行して回った。「我々のような戦前移民が持ってる日本のイメージは、現実からかけ離れてしまった」からだ。そして、今の日本を見ることが「伯国の日本人意識を再生する」ことにつながると考えた。

彼は「伯国の日本人は、もっと本当の日本人意識を持っている」と表現した。デカセギ経験を通じて「日本の日本人と我々は違う」という意識が生まれ、そこからもっと〝本当の日本人意識〟をもったブラジルの日本人を再生する考えに広がる。「日本では失われてしまったが、ブラジルには残っている。それを活性化させたい」という考えだ。これもまた、国境を超えたナショナリズム思考といえそうだ。

一世にとってデカセギという経験は、甘酸っぱい故郷への幻像を、ほろ苦い現実に変える機会を提供した。だが、それで日本との関係が終わった訳ではなく、距離感を変えた。

自分たちが思っていたような形の「想像の共同体」は存在しないが、むしろ、自己肯定を強める形で「ブラジルの日本人」という自己認識が生まれつつあるようだ。

## 日本生まれの「ブラジル精神」

「本格サンバやって来る　二十四日、伊賀で国際交流フェスタ」という見だしの記事が中日新聞13日付けネット版に掲載された。このように日本の国際交流イベントで伯国をテーマにした時、サンバ隊を呼び、「本場のサンバ」などと報道されることがよくある。

ところが、ブラジル側の日系コミュニティではまったく事情が違う。日系団体の活動に熱心な人ほどサンバに関心は薄い。「黒人コミュニティ文化」というイメージが強く、全伯に500以上の日系団体があるが、「サンバ部」がある団体は聞いたことがない。

最近、〝ブラジルタウン〟群馬県大泉町ではブラジル人を観光資源にして町おこしが出来ないかという試行錯誤が始まっている。その一つとして「大泉町にブラジル横丁を　目玉はアマゾン資料館」（十日付け共同通信）という案が地元日本人の間で出ている。

デカセギの大半はサンパウロ州出身者だ。パウリスタ（サンパウロ州人）にとってアマゾンという場所は、いつか観光に行きたいエキゾチックな場所だ。約3千キロも離れており、自己認識と重ね合わせる部分は少ない。もちろん北伯出身者にとっては故郷だが。

日本人側からブラジルを考えた時、そこには「サンバ」「アマゾン」「サッカー」という先入観の金字塔がそびえている。これは日本社会がデカセギに対して求めているイメージは「日系人」ではなく、「ブラジレイロ」としての振る舞いであることを示している。日本に働きに行った「ジャポネース」たちとの落差は実に大きい。

「ジャポネース」というポ語は罪作りな単語だ。伯人一般が持つ「ジャポネース」という「想像の共同体」イメージには、「日本の日本人」「日本移民」「日系子孫」の区別がないと以前説明した。このイメージは当然、日系人にも広く浸透している。

ところが、日本の日本人が持つ「日本人」イメージは違う。『広辞苑』（第四版、岩波書店）では「日本国に国籍を有する人。人類学的にはモンゴロイドに属し、皮膚は黄色、虹彩は黒褐色、毛髪は黒色で直毛。言語は日本語」とある。

言葉を代えれば、日本国籍があり、日本人顔をし、日本語をしゃべる者だけが日本人だ。つまり、明らかに「ジャポネース」と「日本人」は意味が異なる。それに気付かずに困惑する状況がひんぱんに起きている。

デカセギ現象によってその違いを体験してしまった在日ブラジル人コミュニティは、「日本人からガイジンとして扱われたから、自分はブラジレイロだ」としぶしぶ了解するようになった。

現役外交官のコスタ氏は『De decassegui a emigrante』の中で、これを「カウンター・アイデンティティ＝対抗アイデンティティ」と呼んでいる。日本では「ジャポネース」して受け入れられないことへの抵抗として、自らのブラジル人性に目覚める傾向がある。

「純ブラジル的なファッションをしたり、ブラジルを代表する色を多用したり、シュラスコやフェイジョアーダを愛好したり、サンバやパゴッジなどのブラジル音楽へ傾倒したりする」（142頁）。

このイメージギャップの罠にはまり、悩む日系人は実に多い。それをテーマにして映像作品などの芸術活動に昇華させる世代も1990年代からでてきた。

デカセギは、日本での拒絶の経験からブラジル向きのナショナリズムを持ち始め、自分は「ブラジレイロ」だと切りかえるようになる。

ブラジル社会からは「日系人の祖国は日本」と思われているにもかかわらず、日本社会からは「ブラジル人」として扱われ、それぞれから押し出されるようにして「日本のブラジル人」というコミュニティのイメージができつつある。

身の置き場のない状況は、より強固な自己認識をもってアイデンティティを補強しようとする傾向がある。そのような背景が、本国の国民より強いブラジル人としての自覚「伯国精神」を特徴とするマイノリティ集団を誕生させた。

戦前のブラジル社会のエリート層を支配していた「黄禍思想」やゼッツリオ・バルガスの外国移民同化政策を背景に、日本思想が強化されていったのに似ている。

## 〝祖国〟で完結する同化

日本の日本人が持つ「日本人」イメージとポ語「ジャポネース」の意味が異なることから、デカセギ日系人は両側から押し出されるようにして、本国のブラジル人よりもブラジル人性の強い「伯国精神」を形成しつつある状況を説明した。

それを端的に表現するコメントとして、日系人がデカセギ体験を通して気付いたこととして、「ブラジルではジャポネースといわれたのに、日本では外人として扱われ、ブラジル人としてのアイデンティティを強めた」というものが日伯のメディアを問わず、定番のように使われている。

これに対し、非日系ブラジル人研究者が記した印象を紹介したい。

1998年に聖州立カンピーナス大学で行われた第11回国民研究全伯学会（ABEP）で、在日伯人のアイデンティティについての研究発表があり、アドリアーナ・カプアーノ・オリベイラさんは「ブラジルのジャポネースなのか、日本のブラジレイロなのか。移住という文脈の中でのアイデンティティの軌跡」という論文で次のような分析をした。

日系人はブラジルでは「ジャポネース」であると自己規定するが、日本では「ブラジレイロ」として振る舞うなど二つのパーソナリティを使い分ける点に注目し、次のような少々皮肉な表現でまとめている。

「日本では今日、まさに我々の文化など様々な局面を紹介する真性のブラジル人コロニアが存在する。我々の料理、混血性、言語、ブラジル人性など。皮肉なまでに興味深いのは、日本においてこのブラジルを背負っているのはデカセギたち、いいかえれば〝ジャポネース〟たちだという点だ。おそらく今日、これほど強力にブラジル文化の普及が行われている場所は、世界中さがしてもないだろう。まさに我々の〝コロニア〟が〝我がジャポネースたち〟によって支えられている。〝我々のブラジル人〟たちといった方が適当だろうか。（中略）日本での単純労働を通して、お金以上にたくさんの何かをブラジルにもたらしている。ブラジルに実践的な知見をもたらすだけでなく、同質的な手本たる社会に日本人の顔をした彼らが、まるごとのブラジルをもっていっている」

この一文の行間から読みとれることは、ブラジル人一般からすると「ジャポネース」というエスニックが主体になったグループが、「ブラジレイロ」を代表して外国で振る舞うことに違和感がある、ということだ。

しかも、伯人が想像する「ジャポネースの祖国」であるはずの日本で、「ブラジレイロ」として振る舞っている。美辞麗句をちりばめているが、そんなニュアンスが強くにじみ出ている。

皮肉な現象であれ、必然があったから今の状態が生まれている。

このように日本国内のコミュニティで「伯国精神」が高揚し、「ジャポネース」が日本でサンバをやっているのは、歴史的に見ると興味深い。

というのも、サンバという「国民音楽」もまた、ブラジル政府が国家形成期の要となるナショナル・アイデンティティとして選んだ「公定ナショナリズム」に他ならないからだ。

戦前戦中のゼッツリオ・ヴァルガス大統領のナショナリズム政策は、日本移民に同化政策を強いた一方で、リオの「一地方音楽」だったサンバを「国民音楽」として選び、「ブラジルを代表する文化」に定め、普及・振興に尽くした。欧州文化とは違う、伯国独自の文化性を代表する存在として選ばれた音楽だ。

いわば、同化政策とブラジル独自の文化振興は、伯国ナショナリズム政策という同じコインの裏表だった。

ヴァルガスのナショナリズム政策の一端が、半世紀以上たってから地球の反対側で完結するというのは、グローバル時代にふさわしい壮大なサイクルだ。

## 「二世、三世、ジャ・セイ!」

従来、日系社会では「一世、二世、ノン・セイ（知らない）」という言い回しで、三世になると日系アイデンティティが失われる傾向があると表現してきた。

日本のデカセギ・コミュニティでは、それを逆手に取って「二世、三世、ジャ・セイ（もう分かった）」という表現で、伯人アイデンティティの獲得を表現しているという話が、現役外交官コスタ氏の『De decassegui a emigrante』（139頁）で紹介されている。

「このようなブラジル人性を強く表現する行為は、移住第一世代に見られる特徴だ」（同書）

デカセギがブラジル人として振る舞うことは、裏を返せば「私はブラジル人だから、日本語を話したり、日本人のように振る舞ったりすることを期待するな」という日本人へのメッセージでもあると彼は考えている。

つまり、一般の日本人は相手が日本人顔をしていれば、日本語を話し、日本人的に振る舞うことを無意識に求めがちであることへの対抗処置でもある。

ところが、その子供である移住第二世代は「もう分かった。どうしたら日本人のようになれるか」という世代だとコスタ氏は指摘（143頁）する。このアイデンティティ形成が複雑だ。

「日本で毎年約四千人のブラジル人の出生が届けられている」（『ブラジル特報』2004年9月号）とあり、移住第二世代はすごい勢いで増えている。

愛知県に昨年、ブラジル人学校を開校した篠田カルロスさんの講演（2007年7月）によれば、同校児童の9割が日本生まれ。「一度は日本の学校に入ったがうまく行かなかった。いつかブラジルに〝帰りたい〟という気持ちの子供が多い」と代弁する。一度も足を踏み入れたことのない祖国へ〝帰ろう〟という気持ちはどんなものなのか。

ブラジルで戦前に生まれて祖国日本のあるべき姿を思い描いて「日本精神」を育んだ二世のように、日本でも親から植えつけられた郷愁に基づく「想像の共同体」が生まれつつあるようだ。

いずれ、日本生まれの在日二世が初めてブラジルに〝帰国〟した時、以前説明したような、日本移民がデカセギで日本を訪れたときに受けた「故郷」の喪失感を感じるのかもしれない。日本生まれの世代は、人格形成期を過ごした日本を自分の「故郷」だと感じるだろう。

「伯国精神」と同時に、日本に統合していく方向性も明確化されつつある。6月のセブラエ主催のデカセギ・セミナーで、日本のポ語メディア社長の村永レオナルド氏が「これからの在日ブラジル人コミュニティは日本への統合の時代になる」と語っていた。日本生まれの世代が、日本社会に馴化する層を形成しつつある。

ブラジルの日系社会も日本文化継承を強く打ち出す伝統的な勢力と、統合主義の二つの方向性が常々せめぎ合ってきた。このような試行錯誤の繰り返しは、移民系社会の特質といえよう。

コスタ氏は将来を見越して、「日本が労働力が不足した時に外国から日系子孫を呼び戻したように、ブラジルもまた彼らを呼び戻すことを考える日が来るかも知れない。その仮定に立った時、かれらにブラジル市民としてのアイデンティティを継承させることが帰還を容易にする」(143頁)と書いている。

ブラジルに見られる日本以上に日本の伝統文化を残す「日本精神」のあり方と、在日伯人社会の本国以上にブラジル人性を強調する「伯国精神」は、日系人という同じコインの裏表だ。グローバル化時代におけるホスト社会からの位置づけによって、別の面を強調しているにすぎない。

日本でブラジル人として振る舞う日系人も、ブラジルに戻れば以前の状態にもどる。今度は伯国社会から「ジャポネース」としての役割を期待されるからだ。

エスニック・アイデンティティは絶対的なものではなく、相対的に形成されるということなのだろう。共通しているのは「ジャポネース」らしく真面目な態度で、どちらのホスト社会の期待にも懸命に応えている点だ。

## 日本人に「生まれる」と「なる」

日本の日本人にとって一般的に「日本人」であることは自明で、「日本人に生まれた」と運命的に感じているだろう。

「日本人」であることは、性別などの属性と同様にアイデンティティの根幹を成している。「××社営業部長」「三重大卒」などのようにその時の努力で変わる肩書きよりも、より基底をなす要素と認識されている。

でも、本当に「日本人」という境界はそんなに強固なものなのか。

『大辞林』（第二版、三省堂）では、日本人とは「日本国籍をもつ者。日本国民」と定義している。『広辞苑』（第四版、岩波書店）ではやはり「日本国に国籍を有する人」としつつ、さらに「人類学的にはモンゴロイドに属し、皮膚は黄色、虹彩は黒褐色、毛髪は黒色で直毛。言語は日本語」と身体的、言語的な要件を付記している。

つまり、日本人であるためには日本国籍をもち、日本語をしゃべって、日本人顔をしている必要がある。

ところが、移民や日系人という国境を越えた視点からみると「日本人」「日系人」「外国人」の間には数限りない多様な人材がいる。

その最たる存在は先の参院選挙に立候補したアルベルト・フジモリ元ペルー大統領だろう。日本政府も公認する二重国籍者だ。

人気歌手の宇多田ヒカルも微妙な存在だ。『ウィキペディア（Wikipedia）』によれば、「出生地がアメリカだったため、歌手デビュー後まで日本とアメリカの二重国籍であったと本人が発言している」とある。彼女を「日系二世」と表現する人はあまりいないが、帰国子女と二世の境界線もまたあいまいなところがある。本人の意志よりも、親の滞在資格に関係する場合が多い。

一般的に親が進出企業に勤めていれば帰国子女となるが、駐在30年という場合もあり、その間に生まれ、ブラジルで人格形成した子供のケースなどでは、自己認識次第で「事実上の二世」といっても差し支えない。

逆に、移住期間が10年で帰国したとしても、伯国で生まれた子どもは、伯国籍を持つので二世と呼ばれる。デカセギブームにのってかなりの戦後移住者が永住帰国し、伯国籍を持つ子供を日本の公立校へやった。両親が日本人で、家の中では完全に日本語で育ち、頭の中は「事実上の日本人」であっても「二世」といわれる。

また、両親が純血三世のデカセギ子弟の場合、日本で生まれ、日本の公立教育を受けて、見かけも頭の中も「事実上の日本人」に育った伯国籍の四世があちこちにいる。

別のケースでは、日系二世の父が日本にいる間に日本人女性と結婚して生まれた二重国籍の娘の例もあった。彼女は日本で生まれ、小学校を終えた頃に両親に伯国に連れてこられた。

自分では「日本人」と認識しているが、両親は「あなたは日系三世」と言い聞かせている。本人次第でどちらにもなれるが、彼女は最終的に訪日して日本人と結婚し、明確に「日本人になる」ことを選んだ。

このように、移民や日系人側から見た時、日本の日本人が思っているほど「日本人」という境界線は明確ではない。

振り返れば戦前の移住地などでは日本人ばかりの中で生活し、二世たちは「日本人になる」「日本人として生きる」ことが当然であったし、逆もまた真で、コロニアから出て「ブラジル人になる」ことも意図的に行われてきた。

移住者コミュニティにおいては「〇〇人に生まれるもの」ではなく、国籍よりも実体が優先され、「〇〇人になる」という考えが強かった。

## 国籍と一致しない自己認識

一般に「日本国民」と「日本人」は同意義だと了解されているようだが、実は完全に同じではない。法的に規定されているのは「日本国民」という単語であり「日本人」ではないという。

国籍を誰に与えるのかという決め事を明文化したのが国籍法であり、そこには国家形成の歴史背景や、時の移民政策や同化政策との関連が反映されている。国家という上の立場から決めたものが「国民」であり、実はそこには血統や言語の規定はない。

むしろ「日本人」の方に生活感覚に基づいた、国民自身の実際のイメージが反映されている。

言いかえれば、国籍があれば「日本国民」として認められるが、「日本人」は「日本人の顔」をしており「日本語をしゃべる」という条件が付加され、微妙にズレた使い方をされている。

そのズレの狭間にいるのが帰化人だ。戦後移民で会社経営者や土地所有者には帰化人が多い。国籍上は「日本国民」ではなく「ブラジル国民」だが、血統的、心情的には「日本人」といってなんら差し障りない存在だ。

かと思えば、日本国籍があっても血統が違うとこんな声も出る。聖教新聞2003年5月13日付けには「教育基本法案や指導要領においては、誰が『日本人』なのかが十分に検討されていない。例えば、在日朝鮮・韓国人や南米からの日系移民はどうなのか。九九年、国税庁の広報に登場したラモス瑠偉は日本国籍だが、血統的には日本人ではないから、どうなのか。広告では、自分のように善良な日本国民はその義務である税金を期限内に全納するようにと呼びかけていた」という記述がある。

日本に帰化したブラジル人ラモスは、サッカー日本代表の司令塔にまでなり、「日本国民」としての役割を人並み以上に果たしたはずだが、この一文からは血統的な面から、すんなり「日本人」とは認めがたい何かがあるように読める。

ここから分かるのは「日本国民」という言葉は国籍を重視しており、「日本人」はそれよりも血統に重きを置いているニュアンスがある点だ。

フリー百科事典『ウィキペディア』の「日本人」項目には以下の一文がある。《「日本民族」というような認識（アイデンティティ）が多数者に浸透していくのは明治時代（近代国民国家の成立期）ともいわれる（小熊英二『日本単一民族神話の起源』『〈日本人〉の境界』）》。

つまり「日本人」という認識が一般化された明治時代には、国境を越えて「日本人」として生きる移民の存在を想定していなかったのだろう。

しかし、出生地主義の伯国に移住して来た移民にとって「日本人」は欠かせない言葉だった。親と異なる国籍を持つ子供をふくんだ移住者家庭において、民族アイデンティティを表現する重要な言葉だった。

国籍を超えた意味での「日本人」が移民の家庭で使われ、それがポ語の「ジャポネース」に反映され、いつの間にか日本の日本人が持つ「日本人」イメージとのズレが広まった可能性がある。

このように移住社会という人種や文化の遷移状態において、日系に限らず、移民子孫の国籍と自己認識が一致しないことがよくある。

家庭内でどんな世界観が、何語によって語られていたかという、人格と母語を形成した場（＝家庭環境）こそがアイデンティティの鍵だ。家庭内の言語・文化と、家庭外のそれが異なる二重文化環境から、自然に貴重なバイリンガル世代が育っていく。

ただし、幼少時の家庭内の生活言語が日本語でも、一般社会との関係が深くなる高校以降、ポ語中心の大学時代、社会人生活を経て日本語を忘れた人もたくさんいる。人格形成期の途中で言語を切りかえ、日本語を忘れた世代でも「三つ子の魂百までも」よろしく、両親の愛情が込められた日本語の家庭環境の影響は人生を通して残る。

そうして現在、生活言語はポ語でも、人格的には「日本人」的な二世、三世が生まれてきたのだろう。

## 国民の権利を求める移民

「日本国民」たる最大の根拠である国籍だが、日系人には数万人もの二重国籍者がいる。そのため、日本以外で「世界最大の票田」といわれる在聖総領事館で在外選挙を取材した折、不思議な「日本国民」に遭遇することがある。

日本国籍を持っているから投票にはきたが、実は当地生まれで伯国籍もあって大統領選挙に投票し、兵役にも服した日系男性がいた。このような二重国籍者は文句なしに「日本国民」だが、「ブラジル国民」としても申し分ない。

日本語の読み書きができない二重国籍者や、ほとんど日本のことを覚えていない幼少移民の場合、在外投票に参加するのは「日本国民」であることを確認したい心理が働いている。投票権を行使することはアイデンティティを確認するための「儀式」でもある。

思えば移民は「日本人」でありながら、ながらく「日本国民」として扱われてこない存在だった。日本国内からは、日本国民固有の権利は外国移住で喪失した、と見なされてきた。国政選挙に参加できなかったのは、その最たる例だった。

前出のアンダーソンは、南米の新興諸国家（旧植民地）で生まれ育った人々はクレオールと呼ばれ、本国出身の人々に対し低い立場におかれていたと論じる。

昇進の機会は植民地内部に限られ、けっして本国の役人にまで出世することはない。本国人は植民地の新聞は読まないが、クレオールは本国の新聞も読むという。

植民地ではないが、似たような状況は、本国と在外移住社会には現在も続いている。例えば、日本進出企業に伯国で現地採用された社員が日本の本社役員まで昇進することも、日系社会の出来事が日本のメディアに扱われることも稀であり、片想い的な状況がずっと続いている。

戦前の日本移民は日本政府の打ち出した「公式ナショナリズム」を受け入れて日本精神を高揚させ、「日本民族」としてのアイデンティティを植え付けられた。ところが「国民」としての権利は与えられず、単なる血族としての「日本人」の扱いだった。

グローバル化が一気に進展した1990年代、日本移民は「日本人」としての自己認識を強めるに飽き足らず、「想像の共同体」の一員たる「国民」の権利を要求するまでになった。

その結果、日本政府に対する「国民」としての平等な権利を求める訴訟（在外選挙権、ドミニカ補償問題、在外被爆者訴訟など）が次々に起こされるようになり、移民は「日本国民」としての権利を勝ち取るようになってきた。

これは、移住先国内のエスニックとしての「日本人」の存在に飽き足らず、本国の「日本人」イメージを修正させる行為であり、本国はそれを認めつつある。「国民」が示す内容は、時代の情勢にあわせて常に再解釈され続けている。

移民という立場から国籍を考えると、確固たる制度ではないようにみえる。英米など欧州諸国は二重国籍を容認しており、むしろ「国籍では明確に国民を区別することはできない」ことがグローバル基準だろうとすら思える。

イタリアは在外コミュニティに被選挙権を与え、在外のままで国会議員選挙に立候補できる枠を与えた。被選挙権は国民としての権利の最たるものだ。ブラジルもまた同様の制度を検討している。この流れから読み解くと、２００４年にパラグアイ在住の高倉道男氏が日本の参院選挙に自民党公認で出馬（便宜的に日本国内に住所を置いた）したことは、移民にとっての「日本国民」の限界を問う行為でもあった。

国籍制度は国家の根幹に関わるものだが、ゆらぎがある。それが国境を越えた日系社会に集中し、「境界線上の日本国民」や「日本人的存在」として現れている。

グローバル時代において、国籍という制度は完璧ではない。実体としての「日本人」を救いきれない部分がある。移民社会において、国籍だけで相手を判断すると、大事な心を見失ってしまう可能性がないだろうか。

## 「身」も「心」も変わる日本

「日本人」という言葉には血統重視のニュアンスがあると前節で説明したが、その日本社会自体が変わってきた。

先日の厚生労働省の統計調査で、日本で生まれた赤ちゃんの30人に1人が混血であると発表された。国際結婚は東京都区部や大阪、名古屋両市では、10組に1組にもなる。伯国の日系社会同様、純血の日本人は日本国内ですら減ってきている。その一端は次々にデビューする混血芸能人にも現れている。

と同時に「国籍、血統ともに外国でも頭の中は日本人」という日本で生まれ育った外国人子弟も増えている。以前あった例では、自分の母親が日系人と再婚した非日系人が、両親と一緒にデカセギに行き、日本で人格形成したケースがあった。顔を見ればまったくの非日系だが「頭の中はほぼ日本人」といって差し支えない状態だった。

かつては外国人が多いと言えば国際的な大都市だったが、現在では地方都市こそが外国人集住地だ。人口の10％が外国人という自治体が幾つも現れ、集住の激しい区にいけば住人の半分は外国人という場所まである。

昼間は日本人労働者の方が多くても、残業時間になれば外国人ばかりの工場は、北関東や中部地方の工場にいけば、いくらでもみつかる。

かつて、コーヒー園の労働力不足からブラジルに導入された日本移民だったが、その子孫が先兵となって日本に外国環境を持ち込んでいる。

そのような集住地では、外国人児童生徒がいない学校を探すのが難しく、場合によっては半分近くが外国人という場合まである。そのような地方都市の現場教師たちが大挙してブラジルに視察に訪れる時代になった。

世界で最も日本人児童生徒だけで授業が行われているのは、国際的なはずの海外の日本人学校という逆説的な現象が起きつつある。

産経新聞5月8日付けに興味深い記事が掲載された。大衆演劇や歌舞伎で上演されることの多い長谷川伸の名作『瞼（まぶた）の母』を手がけることになった演出家・渡辺えり（53）さんが、リアルな現代劇に演出するための難しさを、こう語った。

「自分でもショックだったんですが、日本人なのに百四十年前の芝居をするのが難しい。日本人は戦後、アメリカナイズされ過ぎて〝外国人〟になってしまった」。笠戸丸のたかだか40年前の思考を理解するのが難しくなっているほど、日本人は中身が変わってしまったのか。

逆に、日系人が日本に行ってもそう感じる場合がある。今年、ミス百周年に選ばれた中原エイコ・カリーナさん（26歳・三世）は、聖市近郊モジ市の農園で生まれ育った。5月19日付けエスタード紙で、13歳の時に祖父に連れられて訪日した時の感想を、「あっちは、私の住むところよりも西洋化されていると感じた」とコメントした。

メディアを通した敗戦体験しかない「伯国の日本人」は、直接の敗戦を体験した「日本の日本人」よりも、アメリカナイズされていない日本人気質を残している。戦前戦中のヴァルガス国粋政策という逆風を耐え忍んだからこそ、独自の「日本精神」が形成され、より保守的な気質が残った。ところが、敗戦によって一からやり直した日本では、本国に居ながらにして日本人自身が気付かないうちにアメリカナイズされた思考が植え付けられた。両者の変化が相まって差異がより大きくなった。

百年経って、どっちの方がより日本的か、という皮肉な状態が生まれている。かつての日本がコロニアに残り、日本自体はアメリカナイズされたとすれば、誰が日本人で、何が日本的なのか。コロニアに継承された「日本精神」は、そんな問いを祖国に投げかけている。グローバル化がもたらす人の移動により、日本の日本人にとって「身」も「心」も認識を改めざるを得ない状況が深まってきた。

笠戸丸の時代に日本移民がコーヒー農園で直面した多国籍・多民族な環境は、百年後の現在、グローバル化の進展とともに日本国内の地方にある工場で再現されつつあるのかもしれない。

## グローバル化と表裏一体

身近な生活圏への外国人急増に対する反動として、ナショナリズムが強まる傾向はどこの国でもみられる。

2001年4月の大泉町長選挙前には「いまや大泉はブラジルの植民地である」という文章が、反外国人派の新人候補を支持する日本人商店のサイトに掲示され、地元伯人コミュニティに大きな衝撃を与えた。

「外国人問題が社会現象になっている先進国ドイツでは、今大変な事態（ネオナチス）が起きている。このままではやがてこの国でも何か起きる可能性を秘めている。今後、外国人問題はこの町に大きなつけとして、課題を残すだろう！　町民は故郷を失いつつある！」など弾劾する地元日本人住民の文章だった。

「日本人」アイデンティティにとって、分かりやすく対比される存在は「ガイジン」だ。この「外国人」が増えつづける勢いを目の当たりにして不安を感じ、自尊心を満たして精神的な安定をえるために、対比する存在をおとしめる心理が働くようだ。

異国に住んでいる不安定性を抱え、言葉の問題もあって安易に反論できない外国人は、手ごろな中傷の対象だった。

「2ちゃんねる」というインターネット掲示板には、「どれだけルールが厳しかろうがここは日本だ。日本に住まわせて貰いたければブラ公は日本のルールを守れ。それが出来ないやつはブラジルへ帰れ！帰れ！帰れ！！！」などという差別的表現が散見される。

慶應大学の小熊英二教授はナショナリズムとグローバリゼーションの関係を、「それが国境内で起きるのか、国際的に起きるのかである。グローバリゼーションが進んでいかないと、反発としてのナショナリズムは形成されないのだ」（ＳＦＣフォーラム・ニュース51号より）と表裏一体の存在であると指摘する。

鉄道や飛行機などの交通機関の発達、ラジオやテレビの進歩で、国内格差が縮まることで国民意識を強めるナショナリズムが起きる。おなじ現象が国境を越えておきるとグローバリゼーションになるという。国境を越えた人の移動が激しくなり、身近な生活圏に外国人が増えると、地元住民のナショナリズムを刺激するという構図のようだ。

前述のような支持も受けて当選した大泉町長が２００８年6月に初来伯し、聖市百周年式典に列席した。これは、ナショナリズムによる反発関係という次元を乗り越え、グローバリゼーションの中での友好関係に移行しようとする試みを象徴する出来事とも考えられる。

本紙の取材に「町民と外国人がどう交流していけるか模索し続けた7年間だった」と振り返り、「この現状を維持するのではなく、むしろ将来のためにどう活用していけるかを考える心境になった」との前向きになった心情を吐露した。

最も早く外国人集住が進んだ町ゆえに住民の反発も大きかった。だが、ブラジルタウンであるがゆえに、ナショナリズムの最高権威である天皇皇后両陛下のご視察を4月に受けるという町史に残る出来事がおきた。この〝認証〟を経て、大きな歴史の歯車が動いた。

日本移民は裁判闘争を経て「日本国民」としての権利を日本政府から勝ち取ってきたが、皇室はずいぶん前から、移民とその子孫を国民同様に扱う態度を堅持してきた。

皇室は日本を象徴するがゆえに、実は国外においては最もグローバルな存在でもある。そのグローバルな判断に基づいて、ブラジルの日系社会をご訪問する代わりに、大泉町の在日伯人コミュニティをご視察された。

本来は国外で示される日系人へのご厚意を、大泉という内なる〝国外〟で示された。両陛下が日系人を相手にグローバルな存在として振舞う様子を目の当たりにし、日本人住民は初めてのことに驚いた。国境の内と外が溶け合った一瞬だ。これはナショナリズムとグローバリゼーションの接点でもある。

百周年を迎え、日系社会は伯国からの異例の賞賛を受けたが、50年前には誰も想像できなかった。このような歴史の振幅が収まるには数世代かかる。移住という壮大な民族的な実験は、百年たった時点の成果の一端として、そう示している。

「移民なくして日伯関係を語ることはできない」——。後世の歴史家はきっとそう語るだろう。

## エスニック化する世界

世界各地で勃興してきているナショナリズムがグローバリゼーションと表裏一体の関係であることを概観してきた。では、資本主義とナショナリズムはどんな関係にあるのか。

アンダーソンは『比較の亡霊』（作品社、２００５年）の中で、グローバル化の進展に伴い、国民国家において古典的なナショナリズムの中から民族性が現れてきたと論ずる。つまり、国民や国家の枠を越えて民族としての振る舞いが顕著になってきたという。

「何百年もの歳月をかけて建設された巨大な多言語帝国は、つぎつぎに解体していった。（中略）こうした大いなる解体のプロセス――それは解放のプロセスでもあるのだが――が進むのと時を同じくして、世界は単一の資本主義経済へとますます緊密に統合されていったのである。（中略）資本主義経済への統合と帝国の分解という逆説的な二重の動きは、いったいどのように把握されるべきなのだろうか。（中略）資本主義は永遠にその動きを止めることなく、新しいさまざまなかたちのナショナリズムをうみだしているのだろうか」（98頁）

自給自足の国民経済という夢をもった古典的な国民国家プロジェクトは、二〇世紀前半からめざましく発展した輸送と通信のグローバル化により、どんどん土台が崩された。国境を越えた人やモノの移動は容易になり、ＣＮＮやＢＢＣなどの大手メディアは地球規模の影響を与えるようになった。

１９７７年に米国で放送されたアレックス・ヘイリー原作のテレビドラマ『ルーツ』は驚くべき

視聴率を誇ったが、「この番組のねらいは、いかにアメリカ化されようとも、ヘイリーの祖先たちが維持してきた不断の『アフリカ性』を強調することによって、メルティング・ポット〈人種のるつぼ〉というイデオロギーに対抗することであった」と分析する。

1980年代、その番組の影響により、「骨の髄までアメリカ人である若者たちが、さまざまなエスニシティ（民族性）研究を大学カリキュラムに設置することを求める請願運動を進めたことや、自分の両親がしばしば棄てようと決心した言語を熱心に学んだことを考えれば、『ルーツ』の人気は、このテーマが自分のエスニシティに置き換え可能だったことによる、といって間違いないだろう」とする。

資本主義が帝国を解体し、封じ込められていたエスニックを解放する流れの中で多文化主義が立ちあがってきた。それがグローバリゼーションの本質だと説く。ソ連崩壊に伴う自治州独立、ユーゴスラビアの解体などもその理論から解釈する。

ならば日本という〝帝国〟が解体された時、どんなエスニックが立ち現れてくるのか。その動きの一端が、2008年8月に伯国で盛大に行われた沖縄県人移住百周年の諸行事かもしれない。これは「世界のウチナーンチュ」という国籍を超えたグローバルな民族性を特徴とする。

日本から飛行機をチャーターして駆けつけるなど世界から在外同胞千人以上が集まるのは、どう考えても、ただの県人会活動ではない。

日本の日本人自体が生活環境に外国人を意識する時代になり、沖縄系のような内なるエスニックが開放される動きに相対する形で、日本人全体を「世界の中のエスニック」とする認識が現れてくる可能性もある。

「新しい日本人」意識形成には、日本移民と子孫が移民国家ブラジルというグローバル環境の中で先取るように形成してきた「ジャポネース」（＝日系民族）という意識が参考指標を与えるかもしれない。

NHKが開局80周年を記念して日本移民を描いたドラマ『ハルとナツ～届かなかった手紙』では、主人公姉妹の一人が、日本で築き上げた大企業の経営を退いて妹のいる伯国へ向かうシーンで終わった。

その姿は、資本主義の激烈な競争に疲れ、家族（＝ルーツ）の絆の残る場所へ、国境を越えて回帰する「新しい日本人」像のようにも見えた。

## 移民の心の旅はまだ途上

幼少で移住した準二世として、常に「移民にとっての故郷」の意味を問い続けてきた歌人、清谷益次さんは二十三年前、次のような考え抜いた言葉をしたためた。

「私にとってのブラジルは、いったい何であったのか。環境にたやすく順応できる年令にありながら、私は深くも知らない日本に心を寄せ続け、その故に〝ブラジル〟を幼い心で拒みつづけた。心を開かない私に〝ブラジル〟が常に異郷であり続けたのは当然のことであった。生活そのものは〝ブラジル〟に溶け入って、帰化ブラジル人ともなり、今では人並みにブラジルの良さも悪さも心の中で納得し、愛しむ心さえも抱くようになっていながら、半世紀も費やしても私はついに、この

国の中で一個の異邦人に過ぎなかった、と言わねばならないようである」（『遠い日々のこと』1985年、128頁）

祖国への〝永遠の飢餓感、飢渇感〟を幼心に刻まれた清谷さんにとって、心のなかにあった「想像の共同体」（＝日本）の存在はあまりにも重いものだった。多くの移民が心から共感する文章だろう。

移民は生まれた場所から離れたがゆえに、本国人以上に郷土愛を強めざるをえなかった。外国という不安定な環境におかれた移民は、そのような想いをたんなる郷愁で終わらせず、同化圧力に反発する形で祖国を理想化して帰属意識を強め、遠隔地ナショナリズム「日本精神」として結実させたともいえる。

数え切れない血と汗と涙をもって移民が重ねてきたこの経験は、祖国日本にとって何を意味するのか。移民が何気なく送っている日常自体が、実は壮大な民族的実験そのものであり、この連載はその成果の一端をすくい上げる試みでもある。

移民の経験を近代史やグローバリゼーションという大局的な視点から解釈し直すのが本稿の目的だ。貴重な体験をたんなる昔話で終わらせず、現代の文脈から読み直す作業だ。

「百年の知恵」という連載シリーズの基底となる考え方「移住は壮大な民族的な実験である」を長年提唱してきた弊紙の元編集長、吉田尚則氏は「ナショナリズムを持たない移民は根無し草になってしまいかねない」と繰り返す。このような遠隔地からのナショナリズム傾向は、国境を越えてグローバルに共鳴しあう性質を持っている。

愛知県豊田市の保見団地にあるブラジル人学校「パウロ・フレイレ地域学校」が百周年記念で4月に刊行した「私たちのルーツ」という文集でマルシオ・ゴンサルベス・ローザさん（28歳）は祖先にこう感謝する。

「厳しい環境で働き、たくさん夢をみて、いろいろなことを乗り越え、しかし、けっして祖国を忘れなかった彼ら。それがわたしの誇り、おじいさんとおばあさん。祖父母たちが残念ながら帰国する機会がなかったことを残念に思います。しかし、その後、私たち子孫が海を越えてこの国で生活できることを神に感謝します」。

3万5千人もの学齢期のデカセギ子弟が日本にいるが、彼らのルーツは日本の正史的には「存在しない」と認識されている。歴史教科書という「国民」を育成するための正史には、移民の記述はほとんどないからだ。ルーツが見えないから、すぐ隣にいる日系人の声が日本人に届かない。

そこには、エスニック化する世界の潮流からくる国籍を超えた「日本人」像を求める切実な思いが込められている。また、NHKを視聴する、世界にもまれな約20万人ものバイリンガル層「日本語文化圏」という存在も、日本にとっての財産のはずだ。

かつて、日本国民は移民を南米に送り出したあとは、視界から消え去ったその存在を忘れ去ることができた。神戸や横浜港に見送りにいった親類や家族ですら、もう二度と会うことはないと思った人も多かった。

でも、笠戸丸は長い長い心の旅の始まりだった。日本移民は伯国にしっかりと根を張ったが、同時に、その一部はグローバル化という大潮流にのって、一世紀がかりで別の場所にようやくイカリを下ろした。それは、一まわりした元の場所だった。

しかし、戻ったのは日本人でなく「ジャポネース」だった。この百年間に起きたことの意味を問い直すことは、「日本人の果て」と「外国人の始まり」という民族的グレーゾーンを見つめることでもある。

そこには日本にとっての重要な課題の数々が、移民の哀切たる想いと共に、幾重にもたたみ込まれている。百年前に始まった心の旅は、まだその途上にすぎない。

# Ⅳ　身内から見た臣連理事長・吉川順治

（ニッケイ新聞で『〝台風の目〟吉川順治の横顔＝身内から見た臣連理事長』として２０１５年３月21日から４月９日まで10回連載）

## 有名ゆえに抹消された男

日系社会においては超有名なのに、経歴や人柄が分からない不思議な人物に、吉川（きっかわ）順治がいる。退役陸軍騎兵中佐で、勝ち組最大の団体「臣道連盟」理事長として、終戦直後に起きた「勝ち負け抗争」について記述される際には必ず名前がでる。そのわりに移民史の人名事典の類に彼に関する記述は皆無だ。それゆえ出身地や誕生年、没年など分からないことが多い。終戦70周年目の節目に甥の早田（そうだ）正明さん（95歳・佐賀）＝聖市在住＝に分かる限りを聞いてみた。

主な人名辞典や列伝である『在伯日本人先駆者伝』（パ紙・55年）、『輝ける人々』（サ紙・59年）、『ブラジル日系紳士録』（宮城松成・65年）『在伯邦人産業・文化躍進の六十年』（池田重二・68年）、『日本・ブラジル人名事典』（パ紙・96年）のどれにも名前さえない。早田さんに「新潟県出身」と聞き、県人会名簿を探したが、やはり出ていない。

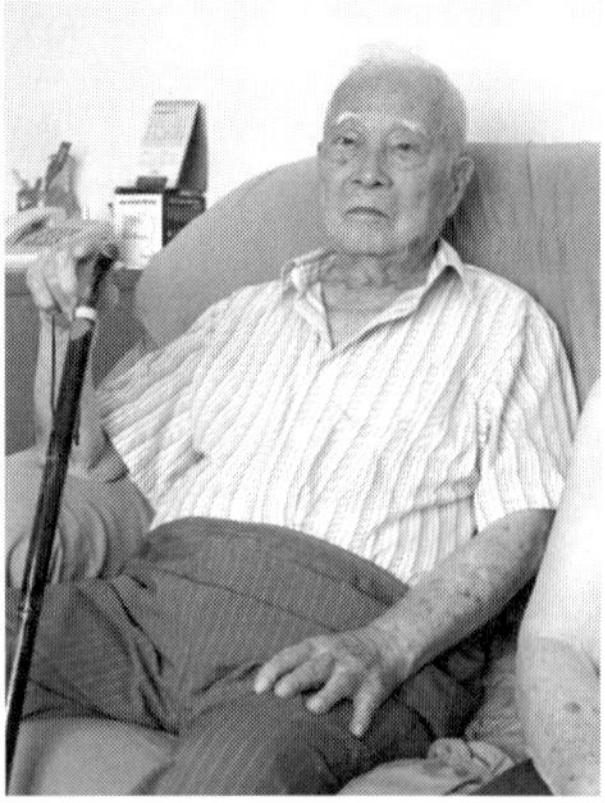

吉川順治の甥、早田（そうだ）正明さん

その存在自体がタブー視され、避けられてきたかのようだ。

「臣道連盟の理事長だったというだけで、まるでテロの首謀者みたいに言われることがあって、家族はずっと迷惑してきた。吉川は戦争直後に脳溢血で倒れて半身が動かなくなり、とてもじゃないですが、そんなこと考えられるような状態ではありませんでした」。

早田さんは吉川家を代弁して、そう弁明した。

早田さんは「吉川さんは明治10（1877）年生まれ」と遠い記憶をたどる。『O Processo da ShindoRemmei』（以下『プロセッソ』、エルクラノ・ネーヴェス、1960年、101頁）の1946年4月3日の社会政治警察（DOPS）の訊問調書には《69歳》とあり合致する。

さらに早田さんは「新潟県出身、弥彦神社の近くで生まれ育ったと聞いている」と説明した。『万葉集』にも歌われる古社弥彦神社の近くなら、新潟県西蒲原郡の辺りだ。

「青年時代にどうしても軍人になりたいと思い、勉強したいが東京に出る金がないと悩み、意を決して歩いて上京したと言っていた。吉川さんは背が低いので、一生懸命に鉄棒にぶら下がって背が伸びる様に努力したとも」。新潟市から東京までは実に約270キロもある。

『狂信』（高木俊朗、朝日新聞、1970年）158頁によれば、山内清雄（大尉）、吉川（中佐）、脇山甚作（大佐）の3人は陸軍士官学校13期の同期だとある。

貧しい家庭の子にとって、授業料がかからず高等教育が受けられる陸軍士官学校（東京）は憧れの的であり、それゆえに狭き門だった。

13期（計722人）は1901年11月卒業（吉川24歳）、03年6月任官した。同期には日露戦争（1904～05年）の第三軍司令官・乃木希典の長男・勝典（同戦争の南山の戦いで戦死）もいる。

乃木勝典は生涯に3度しか受けられない採用試験の三度目でようやく合格した。年齢からいえば、勝典より2歳年上の吉川も採用試験では苦労したに違いない。

## 文武両道のインテリ陸士

早田さんは「日露戦争に騎兵として従軍し、コサック兵と切りあって負傷した。その功績から金鵄勲章をもらったと聞いています」と振り返る。開戦時、吉川は27歳。金鵄勲章は軍人軍属のみが受勲できる。

『百年の水流』（外山脩、12年、283頁）には、詳しくその話が書かれている。

《尉官時代に出征。戦場で斥候長をつとめていたある日、部下を休ませて一人馬で行くと、敵の騎兵五人を発見した。

「よし彼らを片付けて、馬を分捕ってやろう」と、ただ一騎、突撃した。が、横から新手の敵騎兵が十騎ほど現れ、白兵戦になった。三、四人を斬ったが、多勢に無勢で、頭に負傷、血が顔に流れてくるので、止むなく退却した。頭部には大きな刀傷の痕が残った》とある。

日露戦争のすぐ後の30歳前後で、吉川は早田さんの母雪江の姉と結婚したようだ。

軍服姿の吉川順治中佐（『Corações Sujos』Fernando Morais・2000年・カンパニア・ダス・レストラス社）

一方、早田さんの父・耕捌（こうはち）は１８８６年生まれで、吉川の九つ年下の弟分だ。吉川は耕捌と東京で知り合って意気投合し、妻の妹を紹介したのかもしれない。１９１４年に早田さんの両親は結婚している。

早田さんは、父の紹介として「佐賀県出身で早稲田大学卒業後、米国のカリフォルニア大学に２年間留学し、福岡の『九州日報』（西日本新聞の前身の一つ）に就職して記者をしていた」と説明した。けっして誇らしげでなく、むしろ「少し呆れた」という感じの、不思議なニュアンスでその立派な経歴を語った。

早田さんは１９２０年生まれ。12歳の時、家族７人で32年に渡伯し、バストス移住地に入植した。その時、母親筋の縁から吉川の長男・吉郎が早田家の構成家族として共に渡伯していた。早田さんは「吉郎さんは20歳過ぎだった」と記憶する。

「父に倣って軍人になろうとしたが、吉郎さんは目が悪くて試験が通らず、『それなら』とブラジル行きを志願したようです」と早田さん。

山内健次郎手記『世界大戦の余波』（１９７６年、以下『山内手記』）には１９４６年のアンシェッタ島抑留時点で、吉郎36歳とある。逆算すると、「１９１０年頃生まれ」であり、早田さんに確認すると「私より10歳ぐらい年上」なので、32年時点で22歳となり、辻褄が合う。

吉川は東京時代に宝生流の謡を習っている。『伯謡会の回顧』（鈴木威、84年、16頁）には、《騎兵中佐吉川順治氏（中略）は東京在住中、桐谷正治（きりたに・まさはる）氏の門下であったと云う》と書かれている。

『新撰　芸能人物事典』（日外アソシエーツ、2010年刊）によれば、桐谷正治は能楽師（宝生流シテ方）として知られ、兵庫県神戸出身で、《16代目宝生九郎に師事。宝生流地謡方・桐谷鉄次郎の跡を継ぎ、地謡方専門で名調をもって知られた》とある。

今でも『芸能人物事典』に掲載されているような有名人に謡を習い、早田耕捌のようなインテリと付き合いが深かったということから、東京時代の吉川はただの頭の固い軍人ではなく、文化的素養も深い文武両道の人物だったことが伺える。

## インテリ耕捌の多彩な人脈

早田さんの父・耕捌（こうはち）が働いていた「九州日報」（福岡県福岡市）は、玄洋社の頭山満を社長に1887（明治20）年に創立した「福陵新報社」が前身で、1898年に「九州日報」と名前を変えた。

中国革命を支援したことで知られる宮崎滔天が番外記者として活躍し、のちに作家として有名になる夢野久作も、編集長直属の遊軍記者として活躍するなど個性的な新聞社だった。

耕捌は機関誌『日本基督教青年会同盟』の1912年12月号に「開拓者」という文章を寄稿して

早田さんの両親（前列左から２人目が早田さんの母雪江、中列右から３人目が父耕捌）の結婚式に出席した軍服姿の吉川（中列の左から２人目）。後列右から２人目が海老名弾正（早田家所蔵）

いる。26歳、この時にはすでに洗礼を受けていたようだ。

　１９１４年に東京で耕捌が結婚式を挙げた時の写真が、早田家に残っている。そこには軍服姿の吉川順治はもちろん、横井小楠の長女みや子と結婚した有名なキリスト教伝道者の海老名弾正牧師も写っている。耕捌のキリスト教人脈だろう。

　ウィキペディアには《海老名は国家主義的であり、日露戦争、日韓併合をキリスト教精神の現れとして支持した。海老名の思想は、神道的キリスト教と呼ばれた》とあり、おそらく軍人吉川とも通じるところがあったかもしれない。

　その結婚式写真の裏には、出席者名も書いてあった。早田さんは「誰か国会議員も出席したと聞いた」という。吉川の左は「浅羽」とだけ書いてある。おそらく「浅羽靖（あさば・しずか）」だろう。１９０４〜14年にかけて衆議院議員（立憲同志会）を務めており、ちょうどその時期だ。

　両親の結婚式写真中には、浅羽靖の妻の弟「谷津直秀（やつ・なおひで）」も、中段の右端に写っている。谷津は「日本の動物生態研究の礎を築いた人物」といわれ、１９００年に東京帝大を卒業し、浅羽の援助により米国コロンビア大学で博士号を取得した学者だ。

　耕捌は当時珍しく米国カリフォルニア大学に2年間留学したので、その関係で知り合ったのかもしれない。

「国会図書館サーチ」データベースで調べてみると耕捌は、25年にも『十字架を背負って』（警醒社書店）、『愛児を天国に送つて』（文化堂書店）などキリスト者らしい出版物を立て続けに出している。

大正デモクラシーの風潮にのって、文筆家として身を立てようとしていたようだ。26年には『北米の移民生活』（警醒社書店）を出版した。米国留学中に見聞きした移民生活を本にしたようだ。

25年は25歳以上のすべての男子に選挙権を与える普通選挙法と同時に、共産主義者を懸念して治安維持法が施行された節目の年だ。軍国主義が高まると同時に、キリスト教信者は苦しい立場に置かれた。

早田さんは「父は北米の日本移民に関する本を出版したが、さっぱり売れず困っていたのでブラジルへ行こうとなったようです」と振りかえる。

東京で3冊も出版したインテリが農業移民として渡伯した例は、ごく稀だ。32年に家族でバストスに入植したが、そんなインテリに辛い開拓生活が続く訳もなく、たった2年で見切りをつけた。

早田さんが父の立派な経歴を「すこし呆れた」ニュアンスで語った訳が、その後の経緯から分かってきた。

## 棉作諦め洗濯屋「アジア」に

早田さんは「吉川家は1934、5年に渡伯してきましたが、その直前に私だけを残して家族は帰り、東京で暮らしていたそうです」という。「父は『性に合わない、ブラジルは嫌だ』って帰ってしまった。帰るお金はとってあったようです」と振りかえる。

「あしあと」プロジェクトの渡航者名簿データベースで調べると、吉川順治は１９３５年４月29日サントス着のサントス丸だった。早田家の構成家族として渡伯した息子吉郎は、32年８月24日サントス着のブエノス・アイレス丸だ。

『プロセッソ』１０３頁の吉川調書にも１９３５年渡伯とあるので間違いない。その当時、吉川はすでに58歳。同『プロセッソ』には《１９２３年に退役。７人の子どもに農業する機会を与えるために渡伯した》と書かれている。

23年に退役なら46歳だ。その時、子供は長男の吉郎がまだ13歳、全部で７人もいる食い盛りをささえるために、軍人しかしたことのない吉川は苦労したようだ。「子供に農業をさせる機会を」と渡伯を決意したのであれば、故郷・新潟の実家には、それだけの土地はない――ということだろう。

31年に日本陸軍は満州事変を起こして満州国宣言、33年に日本は国際連盟を脱退し、戦争に向けて一直線に向かい始めていた。

吉川家が渡伯した理由を早田さんに問うと、「私も子供でしたから、大人たちの事情はよく知りません。おそらく長男が先に来ていたからでしょうか」と推測する。吉川家は全員渡伯してソロカバナ線ランシャリア駅近くのバルチーリヤで棉作をしていた。

一人残された早田さんは36年までバストスにいたが、その後、吉川家に合流した。

「一所懸命に棉つくりをやりましたがそれほど儲からず、39年か40年頃にサンパウロに出ました。最初に長女の婿がサンパウロで洗濯屋をやっていて、調子がいいと言うので家族で出聖してビラ・

マリアーナで洗濯屋を始めた」。

子供7人に早田さんとたくさんの働き手がいたが、農業では成功しなかった。

吉川本人は洗濯屋の仕事は手伝わず、謡の教授や頼って来る人の世話などをしていた。

早田さんの妻笑子さん（86歳・富山）も「子どもが病気だとかいって、田舎から吉川さんを頼ってきた人がよくいたそうです。そんな時、吉川さんはサンパウロの医者や病院を世話してやり、誰それは治って良かったと喜んで帰って行ったという話をよくしていました」と人柄をしのぶ。

本紙連載『日系洗濯屋の歴史』05年8月5日付に《臣道連盟の吉川さん、うちにおったのよ。一メートル七十五センチぐらいある大きな男だった。とってもいい男だったよね」。洗濯屋の草分け、山本栄一は懐かしそうに思い出す》とある。

これは吉川本人ではなく、180センチ近くと長身だった吉郎のことだろう。洗濯業は息子が中心になっていた。吉川の身長は160センチほどで、恰幅は良かったが大男ではなかった。

山本栄一によれば、吉川の洗濯屋の名前はチンツラリア「アジア」。大東亜共栄圏にちなんだ命名だろうか。開戦直前の1940年に1年間ほど見習いをし、その後、独立してビラ・マリアーナ区に店を構えていた。

『プロセッソ』103頁の吉川調書にも《不動産は所有せず、子ども達と一緒に小さな洗濯屋に住む》と書かれている。

「元中佐」という肩書き以外は、ごく普通の移民だ。とくに財産や技術がある訳ではなかった。でも戦争という状況が「中佐」という肩書に特別な意味を持たせてしまった。

## 理屈っぽい謡曲教師の姿

早田さんは「吉川さんは洗濯屋の仕事は手伝わないが台所を良くやってくれた、軍隊式でね。今日は何と一週間分の献立を表にして貼り出し、その通りに作った。家族の分全員を作ってくれ、けっこう美味しかったんですよ。本当に真面目に仕事をする人だった」と懐かしそうに目を細める。

「戦争前には、よく青年が出入りして謡いや生け花を習いに来ていた」と思い出す。その一人が文協ビルを設計した建築家・鈴木威のようだ。

『伯謡会の回顧』（鈴木威・84年）には、神宮皇学館教授にして宝生流謡曲の大家・宝生流の鈴木暢幸氏（鈴木威氏の父）が1939年8月から半年間滞在したのをきっかけに、10月から同会が発足したとある。

その中で鈴木威氏は第2次大戦中、《伯謡会ももう会合などは出来ず、さびしい毎日であった。でも吉川氏宅では皆個人教授を受けていたが、吉川氏は謡曲は能の謡でなければならないとし、お年寄りの方々にも、びしびしと拍子の事をやかましくやられた。段々と謡が難しくなるにつれ、一寸かじられた方々などは、吉川氏の教え方は「理屈っぽくて話にならん」などと言って去って行った人も多かった》（24頁）と当時の様子を書き記す。

のちに暗殺事件で狙われたバストス産業組合理事長の脇山甚作大佐も、吉川と同じ頃に出聖し、近くに住んでいた。

『伯謡会』で鈴木威氏は《父が帰国しましてからは、陸軍中佐の吉川順治氏が音頭を取って練習を続けました。同氏は謡（宝生流）の外、太鼓葛野流の名手で、地拍子（リズム）とか囃子の一般を伝授されました。（中略）吉川氏が大鼓、私が小鼓でした》（108頁）と書いている。

認識派のパウリスタ新聞の『コロニア戦後十年史』（以下『十年史』と略、56年）には、《一九四二年二月十一日紀元節を期して退役陸軍中佐吉川順治を中心とする謡同好会の会員により「戦時下祖国に忠誠を尽くすには、いわゆる臣道実践しかない」というので同志の糾合、趣旨の伝達が図られることになった。これが臣道連盟のそもその発祥であり～》（9頁）とし、まるでその謡同好会が臣連の元になったように記述しているが、誇張だろう。

1939年11月に行われた第2回謡曲会の来会者には、後に認識派となる赤間みちえ、加藤好之、蜂谷専一、石原桂造、翁長助成、野村忠三郎、羽瀬作良、高岡専太郎らの姿も見えるからだ。

伯謡会で見せた明るい表情の吉川

1943、4年頃、マリリア周辺の蚕小屋焼き討ちや薄荷栽培農家への脅しが行われた。『十年史』によれば戦時中に《吉川順治が書いた「薄荷国賊論」がその指導理念となった～》（9頁）といわれ、《直接行動を指導したのが（中略）渡真利成一といわれている～》（同）とある。

家族からすれば「そんなものホントに書いたのでしょうか。まったく知らない。とても穏やかな人で、ただはっきりとした物言いをする人ではあった」（早田談）。

早田さんは「戦争が終わってから渡真利とか幹部の一部が、頻繁に出入りするようになった。吉川の名前を勝手に使って、自分の好きなようにやったのではないでしょうか。家族の中では『言ってもいないことが、理事長が言ったかのように広がって困る。本当に迷惑している』と言われていました」と振りかえる。

## 吉川が賛同したものとは

『十年史』で「薄荷国賊論」と単純化されて表現されたものは、戦中に獄中で吉川が書いた古い文体の文書のことのようだ。『日本移民八十年史』（編纂委員会・91年）によれば1944年10月に書かれたもので、186〜190頁に全文が掲載されている。

その中で《「メントール（薄荷）」の用途を知るにおよび驚愕、窃かに本国政府の意見を正そうとする某氏の無知、不見識、実に笑えない話だ》（現代語訳）と書く。

当時噂されていた「薄荷と絹が米国に輸出されて軍事利用されている」という説を明らかに是認し、それに手をこまねているコロニア指導者階級を糾弾する内容だ。

さらに《越権行為と思われて会社を首になっても、ブラジル政府のタブーに触れて獄舎の人になったとしても、これは日本男子の本懐である》（現代語訳）とし、警察に捕まる行為まで薦めている。

――伯諾会でも家族にも見せなかった、軍人吉川の顔がここにのぞいている。

この文書の結論は、最初に「判決」として書かれている《在伯邦人は戦後本国または大東亜共栄圏内に移るべきだ》との主張だ。この考え方が臣道連盟発足時（45年7、8月）に基本路線として採用され「吉川精神」と呼ばれた。

だが、『八十年史』によれば吉川文書が書かれたのは1944年10月だから、よく考えれば「1943、4年頃、マリリア周辺の蚕小屋焼き討ちや薄荷栽培農家への脅し」はそれ以前であり、その《指導理念になった》というのは時系列的には少々おかしい。

「ブラジル勝ち組テロ事件の真相」（2007年・醍醐麻沙夫・以下『真相』）は、渡真利の日記の内容として《終戦の二年前、つまり昭和十八年（1943）の七月十五日にはじめて吉川と会い赤誠会意見書を手渡した。数日後にまた会い、意見書を読んだ吉川の熱烈な賛同をえた。そして本格的な活動を開始するべく八月二三日に家族をつれてサンパウロ市へ引っ越している》（27頁）と書いている。ここから赤誠会を元にした興道社の活動が始まるとしている。

つまり、渡真利が1943年に吉川から賛同をえて、そこから焼き討ち活動が本格化した可能性を指摘している。だが、どのような〝賛同〟だったのか。

『真相』56頁には、《吉川が（誰からにせよ）その話を聞いて「そのような、アメリカを利するものであれば自粛してもらいたい」程度の同意をあらわしたことは考えられる。それで「自粛論」に箔をつけるために吉川の名が利用されたかもしれない。吉川の関知しないところ、つまり地方で、自粛論はいつのまにか防止論になり撲滅論になった（おそらく渡真利の赤誠会ははじめから撲滅論だった）》との解釈が書かれている。

〝賛同〟したことで、名前が利用され、結果的に『プロセッソ』（101頁）の吉川調書にも、《パラナ州でのサボタージュ（破壊行為やスト）を組織した責任者として、44年9月から45年11月まで拘禁されていた》という事態になった。後戻りのできない暗く、長いトンネルに突入してしまった。

## 勝ち組の救世主に祭り上げられ

「吉川精神」は1944年10月、獄中で書かれた。早田さんに「吉川は獄中の話をしなかったか」と尋ねると「聞いたことない」と答えた。「戦争中に警察に連れていかれた。拷問されたという話は聞かなかった。でも監獄で脳溢血を起こし半身不随になりました。初めはものも言えなかったが、だんだんドモリながらもなんとか言えるようになった」と思い出す。

では「戦中の獄中」では何が起きていたのか。

『戦時下の日本移民の受難』（安良田済編著、11年）の半田知雄日記には、吉川と関係はないが《九十日も独房に入れられて、娑婆へ出て来たときには、見違えるような白髪の老人になった人》（93頁）がいたという記述がある。実は終戦直後の『四十年史』も、その次の『七十年史』にも戦中のことはほぼ書かれていない。いったいどんな体験だったのか……。

そんな「90日で白髪の老人になる」ような獄中体験が《在伯邦人は戦後本国または大東亜共栄圏内に移るべきだ》という結論につながった可能性がある。戦前から唱えられていた馴染み深い論でもあり、終戦直後に移民大衆の共感を呼び、その「精神」は一気に広まった。

勝ち負け抗争の記事には吉川の軍服姿の写真がよく使われる。『百年の水流』（283頁）では吉川が日露戦争で負傷した逸話を紹介した後、《そういう経歴や頭部の傷痕が、当時の移民たちの素朴な心をとらえ、人気を集めた。臣連は、吉川の軍服姿の写真を、ブロマイドの様に配布した》と書かれている。

この写真には以前から疑問を呈する声があった。「第2次大戦時の軍服と違う」というものだ。調べてみると、三本線に二つ星という階級章は合っているが、38年に大規模な陸軍服制改正が行われ、立襟を廃止し立折襟になった。吉川中佐の写真はあきらかに立襟だ。それに階級章が肩についており、これも改正後には立折襟につける形に変っている。

それに、吉川中佐の写真で特徴的なのは、ポケット（物入れ）に雨蓋（フラップ）がないことだ。調べてみると、これは明治26（1893）年制式で採用された型で、日露戦争当時のものだと分かった。

これだと雨が入りやすく野外戦では不利。明治45（1912）年制式で雨蓋が付けられ、この型の軍服が以後20年以上、1938年まで使用された。つまり、日清・日露戦争前後のごく短い期間だけ採用された型のようだ。

おそらく吉川の写真は移住前に撮影されたものだ。とっくに軍服が変わっているのに「中佐」だと権威づけをするために、臣連によってばら撒かれた。

後生大事に持って来て、個人的に昔の栄華を偲ぶためにアルバムに残していた。それが日本帝国陸軍とのつながりを証明するような使われ方をしてしまった……。

終戦直後の勝ち組大衆にとって、写真でしかみたことのない吉川は、自分たちを日本に帰国させてくれる救世主的存在に映った。

実際には、半身不随で指導するような体力も気力もないが、陸軍中佐という肩書と日露戦争の傷痕、吉川精神という文書、そして例の写真には、雲の上の存在のように感じさせる神通力があった。終戦直前に聖州地方部から始まった臣連が、広く移民大衆から支持を得るには、そんなシンボルが必要だった。でも、本人はそれをどう思っていたのか……。

## 「中佐に頼るべきではない」

丹念な取材を積み重ねた末に書かれた『百年の水流』で外山脩は、暗殺事件の実行関係者の一人、押岩嵩雄（1947年1月の森田芳一の甥誤殺札事件の関係者）から次のような驚くべき証言を引き出している。

押岩は臣道連盟が1946年1月頃にジャバクアラに事務所を開いたのを聞き、パウリスタ線のキンターナから出聖して吉川を訪問した。

暗殺計画の存在をほのめかし、吉川に臣道連盟のものとして認め、後始末をして欲しいとのお願いをした。それに対し、吉川ははっきり断っている。最初の暗殺事件が起こるのは3月だから、その前に打診していた。

《理事長の吉川中佐に会って「時によっては、我々は敗戦宣伝派の指導者をヤリますが、後始末をして欲しい。受けて戴けますか?」と聞いた。時によっては……というのは、場合によっては……という意味だが「受けられない」という返事だった。

「我々は、臣道連盟の院外団ということでもよいのですが……」と言うと「イヤ、そういうものが在ってもらっては困る」と……。吉川さんは、戦勝派と敗戦派の対立は、平和に事を収めよう……という考え方であった。話が噛み合わない、という感じだった。

「ヤル」とは襲撃の意味だが、改まって表現する場合は、決行という言葉を使った。我々は、キンターナに帰って「臣道連盟や吉川中佐は頼るべき相手ではない」と、同志たちに話した》（241～2頁）

終戦当時68歳、半身不随だった吉川は、コロニアを勝ち負けに二分してしまったシコリを、本来は互助・啓蒙団体である臣連の活動を通して、ゆっくりとほぐそうと考えていた。

臣連の機関誌『臣道』第1号（1945年12月号）の巻頭に、吉川は「病床雑感」を寄せている。45年11月17日（同誌「人事往来」項より）に1年3カ月ぶりに出獄したが、その間、8月2日に半身不随になった。その経緯を《右手と右足は普通に動きますから是は半身不随だなと思ひましたよく考え見れば胴が自由でないから全身不随も同じ事で同室の皆さんに担がれてようやく便所に行った始末です》と記す。

途中、又聞きの戦勝情報を転記しつつも、臣連機関誌の第1号の巻頭を飾るものとしては、あまりに気弱な文章だ。本当にその1年前に「吉川精神」を書いたかと疑われるほど、病弱な老人の折れそうな気持ちを綴った文章となっている。

押岩嵩雄（『百年の水流』）

監獄の病室で渡真利から臣道連盟を結成した件を聞き、《自分はこれを継承する事はお断りして局外より全力をあげて応援をするのが男子の本懐でなかろうか、この際、諸君のご推奨に甘えて理事長の椅子に就く事は考え物だと思い、切に渡真利君にその意を洩らしてご意見を伺いました。ところが同君の仰せでは「それは困る。当の張本人は貴下ではないか。僕らが一生懸命に運動したのもその張本人があればこそだ」》と説得されて就任したとある。

つまり、「臣道実践のための強力な団体結成」を願ってはいたが、獄中にいたので結成の顚末は知らされておらず、事後に報告された。だから、実際に動いたのは渡真利ら若手だったが、形だけ理事長に祭り上げられた。渡真利に敬語を使っており、相当に信用していたことが伺われる。

本人が病気で動けず気弱になっているのを利用して、血気盛んな周囲の人物が勝手に行動した構図が浮かび上がる。事実、家族の話によれば、吉川本人は渡真利らが来るのを、しだいに嫌がるようになっていた。同じ12月初め頃、脇山大佐もまだ「戦勝を信じていた」という話が『香山六郎回想録』に書かれている。

## 認識派に祭り上げられた脇山

吉川は勝ち組から祭り上げられたが、その盟友である脇山甚作バストス産業組合長（陸軍大佐）は逆に認識派から持ち上げられた。

脇山氏は皇紀二千六百（１９４０）年には全伯産業組合の代表として招聘されて帰朝し、帝都の式典に参加した。でもそれゆえに、開戦後は政治警察（ＤＯＰＳ）からは真っ先に睨まれた。

《伯国官憲より、氏が日本陸軍の上層部である事、及び前年帰朝した事実に意外の疑惑を蒙り、

郵便はがき

料金受取人払郵便

秋田中央局
承認

39

差出有効期間
平成30年2月
9日まで

010-8790

414

（受取人）
秋田市広面字川崎一一二—一

無明舎出版 行

| I D | | 氏　名 | | 年齢 | 歳 |
|---|---|---|---|---|---|

| 住　所 | 郵便番号（　　　　　　） |
|---|---|
| 電　話 | FAX |

愛読者カード　　　　　　　　　　　　ご購読　　年　　月　　日

◆本書についてのご感想。

| 購入書名 | | 購入書店 | |
|---|---|---|---|

◆今後どんな本の出版をお望みですか。

## 購読申込書◆

このハガキでご注文下されば、早く確実に小舎刊行物がご入手できます。（送料無料・後払い）

| 書名 | 定価 | 部数 |
|---|---|---|
| | | |
| | | |
| | | |
| | | |
| | | |

http://www.mumyosha.co.jp E-mail info@mumyosha.co.jp

一片の呼び出し状と共に聖市に送られ、戦争終焉まで罪なくして、囹圄の月を眺める（註＝獄中生活を送る）不幸な身となった。このため、一家は聖市に移転を余儀なくされ、収入の途を断たれて、暗澹たる数年を送ったが、終戦二十年の春、やっと令閨（夫人）の哀訴によって釈放されたが、バストスに帰る事は頑として許されなかった。終戦後、思想対立するや、臣道連盟関係と思われる一派は、脇山氏を先頭に立てて何事かを策したが、彼らと関係すれば再び獄窓行となるので、氏の身辺を気遣う人々によって、一時ミナス州の温泉地に逃避した》（『バストス二五年史』水野正之、55年、「脇山」項）

1945年12月初め頃、「脇山大佐が戦勝を信じているので真相を認識させてほしい」と親友・成富次郎から頼まれた香山六郎は説得を引き受け、自宅を訪れた。その時の様子が『香山六郎回想録』（同刊行委員会、76年）にこう書かれている。

《脇山大佐は戦勝を信じておられた。その原因は原子爆弾より高周波爆弾の猛威力は大きいので原爆は広島の一部や長崎を焦土と化したが、高周波爆弾は犬吠岬沖で米国の攻日艦隊を撃滅させたの宣伝に軍人の単純な頭でこれだこれだ、やっぱり神風、と想うていい気持でおられた》。もちろん高周波爆弾は存在せず、当時コロニアに広まっていたデマだった。

盟友の脇山大佐（『バストス日系移民八十年史』バストス日系文化体育協会・10年）

そこで香山は《脇山さん迷って下さるなよ、と成富氏も私も泣いて日本の悲運を語った。脇山大佐もホロ涙を机の上に頬づいてこぼしていた。『よし、解りました。在伯日本人のためにも日本のためにも死をもって日本の真相を伝えましょう。私の迷いで日本は勝ったとおぼれていました』と本心を示めされた。成富氏と私は来て話してよかった、もう、脇山大佐から勝った勝ったの言葉は外に洩れぬだろうとよろこんだ。脇山甚作の名を連らねて認識（日本敗戦の）運動のパンフレットが配布されたのはやがてであった……》（同）

香山だけではないだろうが認識派から説得され、大佐の肩書から終戦勅諭の6署名に入れられた。他人物は元々からのコロニア指導者層だが、勝ち組からすれば脇山は寝返ったように見えた。狙われる危険性は、本人こそが一番分っていたのかも……。46年6月2日、実際に聖市の自宅で殺された。

『伯謡会の回顧』（84年）で鈴木威は、《敗戦になりますと、吉川さんはご年配で、ブラジル語が分からないし、一番肩書があった人だったので、周囲の人、特に強行派の人たちが集まって、先生を右翼団体の会長にまつり上げてしまいました。そして敗戦認識の方々が、これ等右翼の人々に殺傷される結果となり、吉川先生のよい御友達であった脇山大佐（宝生流）までも凶弾にたおれられたのです》（108頁）と書いている。

同じ宝生流で軍人、しかも近所に住む脇山と吉川。それが臣連と認識派それぞれに祭り上げられ、悲劇が生まれた。

一方、早田さんを残して帰国した一家は東京に戻り、父耕捌は戦中にも『亜細亜人の世界殖民地行脚』（丹頂社・43）、ブラジル移住体験を綴った『南十字星を訪ねて』（北上屋本店・44）を出版し、旺盛な執筆欲を見せた。でも一家は東京大空襲に遭い、命からがら九州に逃げ延びた。

## 二つの名器が奏でる調べ

『伯謡会の回顧』（84年）で鈴木威は《私は小鼓を二丁持っています。一丁は母の親ゆづり、もう一丁は脇山大佐が凶弾に斃れる数日前、吉川中佐の手を経て私に贈られたものです》（108頁）と書く。

終戦勅諭に署名した時から脇山は覚悟を決めていたのかもしれない。だから、大事な小鼓を鈴木に贈った。でも吉川を通して贈ったということは、友を死の直前まで信じていた。脇山暗殺事件の実行者の日高徳一も「脇山大佐は立派な態度だった。我々は臣連と関係なく勝手にやった」と明言する。吉川がその計画を「知っていた」ことはありえないだろう。

事実かどうかは別にして『プロセッソ』のDOPS調書1296号には、渡真利の署名がある臣連推進部の下部組織である天誅組や挺身推進隊に関する書類を、吉川は尋問中に初めて見たとある。《年寄りが推進部を管理するのは不可能だ。（中略）推進部があることは知っていたが、渡真利成一が進めていたサボタージェンやテロ行為の実行組織「特行隊」の設立や計画に関して、初めて認識した》（315頁）と書かれている。名前だけで、蚊帳の外に置かれていた。

鈴木威は大鼓に関しても《ブラジルでたった一つ、ほんとうになる名器です。これは吉川氏が八十八歳になられた時「私はもう終わりが近いからこの太鼓を貴君に差上げます。どうかかわいがってやつて下さい」と息女さんを通じて送られました。終戦の時のあの不幸な悲劇の両主役から贈ら

親族に囲まれた晩年の吉川（右手前、早田家所蔵）

れた大、小鼓はいつまでもブラジル能楽界の貴重な品としてのこり、妙なる調べを奏でつづけることでしょう》（同108頁）と書いた。

醍醐が加筆修正した『勝ち組アンシェッタ島抑留記』（原題獄中回顧録、吉井碧水著、1952年、手記原稿）に、《吉川は出獄後は頭を丸めて僧侶のすがたとなり、日夜、脇山の菩提を弔う日々をすごしたと、娘の高子さんが語っている》（51頁）とあり、辛い日々を送ったようだ。

74年に宝生宗家から本間英孝師が来伯公演した際、鈴木らの地謡で八島の「キリ」の仕舞を舞った。おそるおそる地謡を演じた鈴木らに同師は《海外で多くの会がありますが、御地の宝生流のレベルは非常に高く、日本でもあまり見られない存在です。お世辞でも何でもありません》とコメントし、鈴木は《思わず涙が出ました》（同109頁）とある。

鈴木の父暢幸が39年に来た後、吉川が懸命に音頭をとって厳しく教えた成果が《日本でもあまり見られない存在》だと高く評価された。

早田さんは吉川家で始めた洗濯業を続け、聖市スマレー区ヴィラ・ポンペイアで独立し、子どもを育て上げた。「吉川さんは最後の頃アルツハイマーのようになり、家族が誰にも会わせなかった。64、5年頃に亡くなった」と思い出す。数奇な人生に幕を閉じたのは65年なら享年88。まさにこの頃、大鼓を鈴木に贈り、亡くなった。

臣連理事長を引き受けたのは事実であり、周囲が引き起こした事件に対する管理責任があったことは言うまでもない。肩書がゆえに祭り上げられたとはいえ、吉川の実像は単なる農業移民であり、彼もまた時代の激流に翻弄された一人だ。

吉川と脇山は逆の方向に担ぎ出されたが、大鼓・小鼓が一つの妙なる旋律を奏でるように、心の中では同志、実は微妙な違いだった。勝ち組も負け組もコロニアという「同じコイン」の裏表だったことを象徴する親友関係ではないか。

殺気溢れる暴風雨が吹き荒れる台風の目には、ぽっかりと晴天が広がる——吉川はそんな存在だったのかもしれない。

# V　二人の父を銃弾で失った森和弘

（ニッケイ新聞で『森和弘の秘められた過去＝勝ち負け抗争と二世心理』として２０１３年５月28日から６月７日まで７回連載）

## 「戦争終われば日本に帰る」

「私はこの経験を、ほとんど話したことがない」――サンパウロ市の近郊にあるスザノ市の副市長を３期も務めた外科医、森和弘（83歳・二世）はそう前置きすると、静かに、しかし臆することなく語り始めた。「スザノのカズヒロ・モリ」といえば、ブラジル社会に積極的に貢献してきた有名な二世という印象が強い。だが、彼がそれを志した裏には悲しい原体験があることは、あまり知られていない。終戦翌年の７月10日夜７時半頃、まだ中学生だった和弘をあまりに悲しい事件が襲った。〝二人の父〟を一度に撃ち殺されたのだ。

「お父さんが勝ち負け抗争の被害者では？」という記者の質問に、和弘は最初、驚いたような表情を浮かべた。政治家としてのカズヒロ・モリはほとんど日語をしゃべらない。そんな姿しか知らない記者は、当たり前にポルトガル語で取材を始めた。

「パパイは戦争中、『この戦争はすぐに日本の勝利で終わる。そうなったら家族で引上げるから、ブラジル学校に行く必要はない』と繰り返し言っていた。だから家庭内ではずっと日本語だった」との下りを聞き、家庭内では日本語で人格形成したことが分かった。取材の途中から日本語に切り替えたが、まったく困った様子もなく普通に答え続けた。

「ゴイチ（父）はパトリオッタ（愛国者）だった」と断言する。当時の日本移民の大半がそうであり、愛国者の多くは勝ち組だったはずだ。

五一（ごいち）は日本で教育を受け、公務員までしていた。渡伯後もビラッキ有数の立派なバールを経営する才覚に恵まれていた。「ゴイチは町では知られた存在で、警察から特別にお目こぼしをもらって自宅でラジオをこっそり聞いていた。毎朝5時半頃、布団を頭からかぶって、隣に音が聞こえないように東京ラジオのニュースを聞き、日記にその内容を書き付けていた。開戦から終戦までこれぐらい書き溜めていたが、決して人には見せなかった」と両手で30センチほどの空間を示した。

「すぐに戦争は日本の勝利で終わる。そうしたら家族で日本に帰る」との五一の方針で、１９４４年頃、小学校を終えた和弘は中学に行かず、一年間を棒に振った。

悲しい過去を語り始めた森和弘さん

「その頃から私は勉強を続け、大学に行きたいと考えていた。だから『中学に行かせてくれ』と頼み込み、翌年からアラサツーバ市に出て州立校に入学した」。ノロエステが誇る立派な「アラサツーバ学園」の寄宿舎から公立校に通った。

当時、和弘は教師や周りからは「法科大学にいって弁護士になったら」と薦められたが、「とにかく大学で勉強したい」としか考えていなかった。

ゴイチは東京ラジオの内容から独自に戦況分析をしていた。「父は日米の兵器製造能力の違いや、南洋に広がりすぎた日本の前線を維持する兵力数に関する疑問を持っていて、1945年の最初の頃にはこのままでは日本は危ないと感じていた」と思い出す。「アメリカが1日で作る飛行機台数を、日本は1カ月かかる、このままでは敵わないと言っていた」という。当時そのような冷静な観察をしていたのは、ごく一部だった。

「パパイ（父）がバール（食堂）を経営していた関係で、みんなが『日本はどうなったか?』と聞きに来た。『勝った勝ったと皆が言っているが、本当にそうなのか』と。そんな時、五一は『天皇陛下が降伏宣言を出された』とありのままに言ったという。

## 「立派なブラジル人になれ!」

「朕深ク世界ノ大勢ト帝國ノ現状トニ鑑ミ非常ノ措置ヲ以テ時局ヲ収拾セムト欲シ茲ニ忠良ナル爾臣民ニ告ク」。玉音放送は日本時間の1945年8月15日正午からだった。ブラジル時間でいえば15日午前零時だ。当地ブラジルへの東京ラジオ放送は当地時間15日早朝が最初のようだ。

しかし、フォーリャ・ダ・マニャン紙8月11日付けを見ると、「米英露中が示す無条件降伏を日本が受け入れ」との大見出しが踊っている。日本政府は天皇制の維持を条件に、降伏を受け入れる覚悟があることを連合国に打診し、それを受けて連合国側がそれを承認するか協議するとの内容だ。長崎に原爆を落とされた翌日だ。

日本国内では15日に玉音放送によって正式に国民へ伝えられたが、連合国のマスコミはすでに大々的に報道していた。つまりブラジル・メディアに接していた者は、この時点で降伏を予想できた。和弘は15日にブラジル学校の教師から日本敗戦を聞かされたが、父が心配する様子を見ていたから驚かなかった。

でも五一から「すぐに家に戻れ！」との緊急電話が入った時は、「何事か」と思った。まだ水曜であり、通常は週末しか戻らないからだ。すぐにバスに乗り、アラサツーバから南に直線距離で20キロほどのビラッキに夜までに戻った。

五一はバールを閉めてフロを浴びた後、台所でお茶を飲んでようやく一服した。夜11時、待っていた息子に、目に涙をためながら、おもむろに「日本は戦争に負けた」と言った。「パパイ、そんなことなら僕はとっくに知っている。もうラジオ、新聞で伝えているよ」と言った。

五一は畳みかけるように、「お前を今日戻らせたのは、お前の将来のことを話したかったからだ。家族で日本に帰ろうと思っていた計画はすべてご破算だ。日本は廃墟のようになってしまった」と声を詰まらせた。

「うちの家族でブラジル生まれはお前一人。これからは立派なブラジル人になることだけ考えろ、お前の祖国はここだ。ブラジル人として考え、ブラジル人としてしゃべれ。お前は、誰もが認めるような立派なブラジル人になってくれ。家族が誇れるようなブラジレイロになってくれ！」と思いつめたように胸中を吐露した。

さらに「俺は元気だからまだまだこれから長い間しっかり働いて、ここに骨を埋める」と自分に言い聞かせるように言った。「これを伝えるために、わざわざお前を呼んだんだ」。

五一は日本の戦況が悪化することを心配したが、終戦ギリギリまで日本の戦勝はありえる——と信じていたのかもしれない。でも、玉音放送を聞いて一気に転身した。

和弘は「両親はもう日本に帰る気がなくなったんだ。帰っても仕方なくなったんだ」と理解した。「勉強に支障がないように」という五一の計らいで、翌朝は8時に始まる中学の授業に間に合うよう、早朝6時にタクシーを呼んでアラサツーバに戻った。

終戦から1年後——46年7月10日夜7時頃、惨劇は起きた。「夜9時ごろ、ビラッキから電話があって、『すぐに戻って来い』とだけいわれ、すぐにタクシーに乗った。その時、もしかして何か凄く悪いことが起きたのでは、なにか襲撃を受けたのかとの予感がしていた」。

## 血塗られた魔の7月

和弘の悪い予感は、その通りになった。46年7月13日付けジアリオ・デ・サンパウロ紙によれば、父がビラッキで経営していたバールは、当時ブラジル人客でいっぱいだった。

そこへ日本人の二人組がきて、バルコン（カウンター）の奥にいた五一にまず発砲した。その発砲音に驚いて、裏にいたマルイが出てきたところをやはり撃ち殺されたと書かれている。二人組はそれぞれに拳銃を持ち、5発以上を発砲した。

マルイは五一の兄で、近くで理髪店を経営していた。和弘は「ゴイチを狙ってきたらしいが、一緒にいたマルイまで巻き添えを食ったようだ」と残念そうにいう。事情を聞くと、和弘はマルイを実父として1930年2月に生まれ、弟の五一に預けられた。つまり弟が養父だ。その二人が一度に殺された――。

『在伯移植民二五周年記念鑑』（1934年・聖州新報・370頁）のビリグイ管轄の項を見ると「森丸伊」とあるので、これは実父の方だ。家族5人、高知県出身、大正15（1926）年渡伯。同様に377頁を見ると「森五一」もあった。家族5人、高知県出身で、やはり大正15年渡伯とあるから、同じ船で来たのだろう。当時は二人とも「珈琲請負」だったが、その後に商才を発揮し町中に店を構えた。

和弘がタクシーで駆け付けると「もう遺体は寝室に移され、キレイになっていた」という。「その時どう思ったか？」と恐る恐る尋ねると、少し間を置き、「何といっていいか分からない。今でも言葉にならない」とだけ答えた。

和弘は懸命に記憶の糸をたぐる。

「五一はお客さんや友人から問われるままに、正直に日本は負けたと答えていた。祖国は滅茶苦茶にやられたから、日本に帰る切符とか、南洋の土地売りとかに乗ってはいけない。お金を失うだけだと答えていた。だからといって、それを広めようとか認識運動に参加していたわけじゃない」

46年7月14日付けジョルナル・デ・サンパウロ紙は10、11、12日の三日間にビラッキ、コロアードス、ブラウナと直線距離にしてわずか20キロ圏内の狭い地域で、立て続けに襲撃事件が起き、3人が死亡、5人が負傷したと報じた。

これだけ短期間に狭い地域で起きたという意味で、勝ち負け抗争の中でも最も血塗られた時期だった。なぜこんなに激化したのか。

## 「日本人を即刻追放せよ」

事件の約10日前、46年6月29日付けジアリオ・ダ・ノイチ紙は大見出しで「サンパウロ警察で過去最も厚いプロセッソ（審議）が終了」とあり、800人が検挙されて事情聴取され、各300頁の調書11巻が作成され、うち「80人を国外追放処分にすべし」としていた。

勝ち負け抗争は当時の官憲にとっても、未曾有の事態、大事件だった。もっともこの後、調書はさらに分厚いものになった。

「80人を国外追放へ」というDOPSの方針に反発するかのように7月に傷害殺人事件が激増した。『移民八十年史』（171頁）の表によれば、襲撃傷害事件は勝ち負け抗争全体で86件だが、うち64件（74％）が7月に発生している。殺人事件被害者数に至っては全23人のうち11人、半数近くが7月に集中した。

事件多発を受けて、7月19日にはサンパウロ州執政官（現在の知事）マセド・ソアレスが勝ち組代表約1千人を州政庁カンポス・エリゼオスに呼んで、直接に説得工作を試みるも無駄に終わった。

月末にはパウリスタ延長線のオズワルド・クルス市では市民を巻き込んだ大騒乱に発展し軍隊が鎮圧する騒ぎにまで発展した。まさに「血塗られた7月」だった。

父親の話を和弘が初めて公にしたのは、カンピーナス州立大学のポ語学術雑誌『コン・シエンシア』（以下CCと略）の2000年12月10日号だった。同誌インタビューに答え、「私はこの話をかつて、誰にもしたことがない。コレジオ（小中学校）でもUSP（サンパウロ州立総合大学）でも誰も知らなかったはずだ」と断言している。

当時、刊行されたばかりのフェルナンド・モライス著『コラソンイス・スージョス』の話題で世間が持ちきりだった。その中で森五一殺害事件が詳細に報じられ、世間が知るところとなり、「今さら隠しておく理由がなくなった」とある。

それまで語らなかった理由として、「1908年に移民が始まって以来、40年代までほとんどの歴史家や社会学者は、日本移民はブラジルに利益をもたらさないと言ってきた。文化適応、馴化に関して常に否定的な評価だった。中学3、4年頃、地理の授業中とても胸が傷んだ。だって日本移民について論じる時、常に益のない、むしろ害のある移住という扱われ方をしてきたからだ」と語っている。つまり、日本移民は硫黄のように溶けないという「黄禍論」が一般的だった。

事実、州政庁での勝ち組説得工作が失敗に終わった直後、1946年7月23日、アマゾナス州選出の連邦議員ペレイラ・ダ・ルシア氏は憲法審議会に次のような建言をしたと（酒井繁一著『ブラジル日記』（145～6頁・1957年・河出書房新社）にある。

《奸悪なる狂信の徒の犯し来った犯罪に対して、従来の法的処罰手段が不十分なるのみでなく、彼らは絶対にブラジルの習慣に適応し得ざる者であって、その思想たるや全く我々のそれに反し、西洋文明とは相容れないものであることは、あまねく認められるところである。以上の諸理由により、本議員は「明らかに臣道連盟なる団体またはその他の組織の指導のもとに、我が国土において犯しつつある犯罪行為を弾圧するに当たって、我が当局の処置に反対したる、また反抗することあるすべての日本人を即刻国外に放逐するため、政府は遅滞なく強硬かつ有効なる手段を講ずることを、憲法審議会を通じ、政府に建言する》

地方政府の最高権威である州執政官が直接に乗り出しても、まったく改善されない当時の状況は、国政を預かる連邦議員からすれば、堪えがたい屈辱に感じられたかもしれない。日本移民の一部が引き起こした血塗られた事件の数々は、まさに看過できないものだった。

公立学校で学ぶ和弘にとって、勝ち負け抗争というブラジル社会から見て最悪の評価をもたらした事件の被害者の子供、直接の当事者だとは、同級生らには口が裂けても言いたくない気持ちだったようだ。このようなブラジル国権威筋の言動を見れば、幼かった彼の心にトラウマが刻まれるのも無理はなかったといえる。

## 武装した負け組の報復

『移民八十年史』（170頁）によれば襲撃者名は「不明」で、和弘も取材時に「おそらく他の町から来たモノに違いない」と推測した。でも『コラソンイス・スージョス』（201～203頁）を確認すると、当時の警察調書を元に次のように事件の様子が詳述されていた。

2人の日本人が拳銃をもってバールに乗り込んできたのは午後7時5分。二つのビリアード台があり、ブラジル人常連が興じ終え、養父五一（47歳）に清算を頼んで、ちょうど時計を見た時だった。近所で理髪店を経営する実父丸伊（当時、54歳）はバールのカウンターの中に座っていたという。

拳銃を持った二人組の一人は島野並治で、もう一人はオハラ・ヒロシだったとある。オハラはなにも言わずに丸伊を撃ち、ドアを通って裏の居間に逃げ込もうとした五一を、島野が撃ったという。五一の妻は、破裂音を冷蔵庫のダイナモが爆発した音と勘違いしたが、すぐに襲撃と気付き、夫の銃を持って店に行ったが、すでに夫は床に倒れて息絶えていたとある。

翌1947年に和弘は州立高校進学のために出聖した。「周りから『お前も危ない』と言われ、身の危険を感じていた。和弘は取材時にも「犯人が誰だか判明していないと思う。おそらく他の地方からビラッキにきて犯行に及んだ」という認識だった。

つまり戦後も「犯人は誰だかわからない、捕まっていない」という恐怖がつきまとっていた。聖市でも「森の息子」として狙われる可能性があったと考えていた。

だから「18歳の頃、高校時代に私は常に腰にピストルを携帯していた。あの当時、私はピストルを隠すためにどんなに暑くても必ず背広を着ていた」と驚きの告白をする。

だが、歴史的な経緯を調べてみると、襲撃者の一人島野並治は事件以来、ブラウナ市サンマルチーニョ区の日本人シッチオに匿われていたが、46年10月1日午前11時頃に警察に包囲され撃たれて死んだとジアリオ・ダ・ノイチ紙46年10月10日付けが報じている。

ブラウナ警察署に密告電話が入り、警察隊が向かったところ長時間の銃撃戦となり、「襲撃者グループ6人のうちの一人が死傷、残り5人は逃げた」と記事にはある。島野はカフェランジア在住の独身青年、28歳だったという。

公式記録にはそうなっているが、『コラソンイス・スージョス』はさらに一歩踏み込んで取材し、驚くべき事実を暴露した。

実は同著作、島野並治が死ぬ場面が最後の山場で、320〜321頁で警察隊の追手の様子を詳しく描写する。アラサツーバ署からの支援も加わり、「日本人友人の支援を受け」ていたとある。勝ち組集団の襲撃を受けた負け組側ファゼンデイロがトラックを出し、射撃に長けた日本人青年数人を加勢させていたと明らかにしている。つまり、単なる警察隊による追跡でなく、〝血塗られた7月〟で家族や友人を殺された負け組が報復のために武装して加わった混成部隊だったようだ。

## 拷問のあとメッタ撃ち

アラサツーバ市の法医学者ロメウ・フェラス医師による島野並治の遺体検死報告には、体の各部に打撲傷を受けて黒ずんだ部位があることを指摘し、「疑問の余地なく、彼はまず、何らかの方法で打撲傷を負った。例えば手、足、棍棒などだ。水ぶくれ、黒ずみなどは明らかに生きている間に形成されたものである」（323頁）と記述している。

その後に、どれが致命傷かも解らないほど、胸部、両肺、心臓などに各種口径の銃弾をあちこちに撃ち込まれたと診断している。

『コラソンイス・スージョス』の著者フェルナンド・モライスは島野並治を追撃した警察隊のリーダー、ペドロ・セレイロの息子に取材し、「父はカービン銃の銃床で殴った可能性があると認めた」と明らかにし、モライスは「生きているうちに殴られ、拷問され、最後にメッタ撃ちされた」（323頁）と断定した。

襲撃者もまた、捕まれば警察によって命を奪われる可能性があった大変な時代だった。まして勝ち組襲撃者と同様に血気盛んな負け組青年と警察との混成部隊だ。

公権力と共に行動している限り、どんなに無残な殺し方でも犯罪に問われない――加害者がいつ被害者に入れ替わるか分からない切迫した状況があった。

例えば『移民八十年史』の「サンパウロ州における勝組負組傷害・殺害事件一覧表」（170〜171頁）を見ると、被害者名の後ろには負け組を示す「負」とか「勝」の文字が見られ、「勝」も少なくとも6人が死傷している。うち3人の加害者名が「州警兵」となっており、負け組と官憲との結びつきの強さが伺われる。加えて7月末のオズワルド・クルス市騒乱の際、「勝組40人余、その他10人余」が負傷したと記録されている。

Entregou-se á prisão um chefe da «Toko-Tay»

O temível fanático nipônico passara vários meses oculto nas matas de Brauna — identificado o terrorista morto em combate com a polícia de Penapolis

O cadaver do "Toko-Tay" NAMIJI SHIMANO, fotografado na secretaria da Santa Casa de Penapolis

島野並治の死を報じるジアリオ・ダ・ノイチ紙（46年10月10日付け）

同『八十年史』の「襲撃傷害及び暗殺事件総合数」表でも、負け組被害者数が「66」なのに対し、勝ち組被害者も「43」を数える。これ以外に単に、襲撃実行集団とは何の関係もなく、臣道連盟の会員であったというだけで治安警察（DOPS）によって投獄された勝ち組は数百人以上といわれる。

勝ち負け抗争は一般に、負け組が一方的に被害を受けたような印象を受ける記述をされる場合が多いが、実情はもっと複雑な時代だった。勝ち組と負け組は表裏一体の存在であり、双方の歴史を合わせてこそ当時の同胞社会の真相が理解できるようだ。

## 向きを変えた愛国精神

高校時代だった1948年頃、和弘はクリニカス州立病院を見学する機会があった。USP医学部付属病院として戦争中の44年に新設されたばかり。今ほど大きくなかったが、当時としてはすでに立派だった。漠然と「法科」と思っていた和弘は、「そこで困っている患者がたくさんいる姿を見て『ブラジルにはもっと医者が必要だ。医者になる』と決心した」と初心を振り返る。

50年3月に古橋広之進ら「フジヤマの飛び魚」一行、51年1月には東海林太郎ら戦後初の芸能団一行も来伯し各地を回ったが「日本が負けた」とは明言しなかった。戦後5年が経っても、まだそんな時代だった。

和弘はリオ国立医科大学を1956年に卒業した。「僕が卒業した頃、日系人の医者は数えるほど、せいぜい30、40人ぐらいだった」。その後、モジ市のイピランガ病院の創立に参画し、外科医としての道を歩み始めた。社会を良くすることに関心を持ちつづけ70年にモジの法科大学にも入りなおした。

「医者とは違って、社会の状況を深く理解する視線が弁護士にはある」と目覚め、モジの法科大学に通い始めた頃からスザノ市議を3期務め、その時期に地元日系社会とも接触を深め、副市長を3期（76—82年、97—00年、01—04年）も務めた。

和弘の心底には、死んだ五一から言われた「お前は立派なブラジル人になるんだ」という言葉が今も深く刻まれている。日本勝利を疑わなかった愛国者だからこそ、五一は敗戦を認め、腹を決めた時、子供にそういったのだろう。和弘に限らず、いまの80歳前後の二世の多くは、多かれ少なかれそんな少年時代を過ごして人格形成している。

遠い子供時代を振り返りながら、和弘は「トッコータイだがなんだか知らないが、父を殺した奴等もきっと騙されたんだと思う。別にお金をもらってやったとか、そういう行為ではない。彼らも客観的な状況が分かっていなかった。ただ日本精神を徹底的に注入され、日本が負けるなど想像も出来なかったんだ」と推測する。

二人の父の死に関しても「それが運命だったと、殺した者を憎んでもしょうがないと考えるようにしている。そういう時代を利用して金儲けしようとした奴等、裏で操った奴が一番悪い。日本精神を純粋に信じた若者がアプロベイタ（利用）されてしまった。本当のバンジード（悪人）は戦勝を煽って、円売りやら日本行きの切符とか売ったもの達だ」と言い切った。

そして「今、日系人はブラジル国家建設の一翼を担う存在と呼ばれており、自分が日系子孫であることをとても誇りに感じる。日本人の息子であると胸を張れる」（ＣＣ）という和弘の言葉には、深い安堵感がある。百周年で盛大に一般社会から祝われて、傷心を一番癒したのはこの世代かもしれない。

和弘によれば、実は養父はドイツ製サブマシンガンを護身用に持っていた。「五一は以前から身の危険を感じていた。だからパラベラム弾を発射する特別な銃を持っていたが、事件の前の晩、たまたま寝室の方に持っていってしまい、手元になかった」。パラベラム弾は第2次大戦以降、サブマシンガンの主流になった弾丸だが、当時伯国では珍しかった。

「パラベラム」はラテン語の諺「Si Vis Pacem Para Bellum」（平和を望むならば戦いに備えよ）の後半部分に由来する。戦いは戦いを呼び、殺戮はさらなる殺戮に発展するという血塗られた歴史を支える哲学だ。

和弘の場合、五一が殺されたことで、心の奥底にこめられた〝平和の弾〟があった。日本向きの愛国者が持つ大和魂という銃弾は勝ち負け抗争の中でテロ事件に結実した。だが和弘のような二世の場合、その精神は向きを変えて、ブラジル社会の方へ発射され「ブラジル人よりブラジル人らしいパトリオッタ（愛国者）」となった。

向きを変えた愛国心は凄まじい勢いを生じ、二世の背中を押して一気に社会上昇の階段を駆け上がらせた。向きは違えどもどちらも愛国精神、大和魂の裏返しといえる。

09年6月、和弘は旭日双光章を受勲した時、本紙取材に「親父に良いブラジレイロになれましたと報告できる」との喜びを語っている。向きを変えた大和魂が、日本政府の勲章によって報われた瞬間だった。

二世医師の先駆けとして伯国社会に貢献してきた自負を込め、「今じゃあ、日系人の医者も何千人でしょ」と日系史を振り返り、満足げに目を細めた。

# Ⅵ　襲撃者の一人、日高徳一が語るあの日

（ニッケイ新聞で『65年前の恩讐を超えて＝当事者日高が語るあの日』として2011年2月4日から2月19日まで10回連載）

## 史料館に寄贈された日の丸

「天皇陛下のことになると全てを忘れた」。1946年4月1日早朝、勝ち負け抗争の野村忠三郎殺害時に襲撃犯の蒸野太郎（1919―2009年、和歌山県）が腹に巻いていた日の丸が、2011年1月28日午後、聖市の移民史料館に寄贈された。亡き蒸野の代わりに寄贈した、脇山大佐襲撃犯の一人・日高徳一（85、宮崎県）＝サンパウロ州マリリア在住＝は万感の思いを込めて、そう語った。暗殺事件だとしても、コロニア史の一部として記録されていい証言に違いない。勝ち負け抗争の襲撃に直接関わった最後の当事者である日高徳一の生涯を聞いた。

当時の襲撃犯で最後に残った3人のうち蒸野太郎、山下博美（1924――2010、三重県）両人は奇しくも百周年式典で夢にまで見た皇太子殿下を眼前に見た後、相次いで冥界に旅立った。

日高は「何を言っても相手の家庭を壊してしまったのだから言い訳にしかならない。遺族から許

されないことは分かっている」と65年前の記憶を辿り、「でもやったことに後悔はしていない」と言い切る。

「長いこと蒸野さんが自宅の神棚に祭ってあった日の丸を07年に見つけた。亡くなった時、遺族が棺に入れるっていうんで『それだけは止めてくれ』とお願いした。『しかるべき処に預ける』と遺族に約束し、引き取った」と経緯を説明する。

それが2011年1月28日に移民史料館に寄贈された。栗原猛運営委員長、山下リジア運営副委員長を前に、日高は譲渡書類にサインをした。勝ち組の中でも最も強硬だった一派の象徴ともいえる襲撃時に腹に巻いた日の丸、それが認識派の拠点だった文協の史料館に収められた瞬間だった。

終戦後、コロニアは2派に分かれて争い、血なまぐさい抗争にまで発展した。それは長い間集団心理のトラウマともいえるシコリを残したまま時が解決するのを待つ状態だった。

「確かに受け取りました。貴重なものをありがとうございます」。そう栗原運営委員長は落ち着いて返した。その言葉には、もう戦勝組も敗戦組もない時代になった、65年の恩讐を超える時代になった、との想いが言外に込められていた。

蒸野が遺した日の丸を囲んで、山下リジア副委員長、栗原猛委員長、仲介役をした外山脩、右端が日高徳一

「立派な人だ」――日高は脇山甚作・退役陸軍大佐に自決勧告書と小刀を渡しながら、そう思ったという。

脇山は客間の中央に座ってじっくりと自決勧告書を読んだ後、おもむろに「自分は歳だから、もうそんな気力はない」と襲撃犯4人に告げた。

陸軍大佐のところに行くのだからちゃんとした格好で、と中古の背広とネクタイを着用していた。金のない彼等のためにベルゲイロ街で洗濯屋「オリエンテ」をしていた小笠原亀五郎の妻が買い与えた。

日高ともう一人はすぐに拳銃を取り出して1発ずつ撃ったが、まだ脇山は動いていた。日高は「苦しませたらいけない」と思って2発目を撃って逃走した。結果的にそれが致命傷になったと警察は見ている。

「その時に僕が『問答無用』と口走ったと書かれた（『移民八十年史』168頁）けど5・15事件じゃあるまいし、そんなこと言ってない。ただ無言で撃っただけ」と歴史をただす。

どちらが正しいのか確かめ様はないとしても、当事者の証言は貴重だ。『八十年史』の勝ち負け編はDOPS（政治社会警察）資料に頼って書かれ、当事者の証言は反映されていない。

## 「日の丸事件」の真相は

1946年正月、パウリスタ延長線ツッパン郊外の植民地で「日の丸事件」が起きた。後に続くテロ事件の予兆といえるものだった。

『百年の水流』（外山脩、06年）によれば、纐纈鎮夫宅で日の丸を掲揚して正月を祝っているとの密告を受けた警察が、家宅捜索に行って入植者を暴行した上で連行、車代と称して600クルゼイロ巻き上げた。さらに警察官エドゥムンドが押収した日の丸で革長靴の泥を拭っているのを日本人が目撃したという事件だ（345頁）。

これが『八十年史』には、「1946年1月7日、ツパン地区の一集団地で『戦勝祝賀会』があり、日の丸を掲揚していたところ警察が見つけこれを押収、この日の丸でトッパン署員が靴を拭ったという噂が伝わり、国辱問題だと憤慨した日高トクイチ、北村シンペイら（後に臣連のテロの一員として野村、脇山暗殺に参加した）が決死隊として警察署に殴り込みをかけた事件を『日の丸事件』という」（172頁）と説明されている。

日高本人によれば、「隠れて日本語の夜学の授業を受けていた時、知り合いの魚屋が駆け込んできて『警官が日の丸で靴を拭っているのを見た』というので、本当かどうか確かめに行かねばとなり、一緒に授業をうけていたものが行っただけ。そしたら日本人が不穏な動きをしていると、いきなり全員留置所にぶち込まれた」と思い出す。

1週間か10日間ほどツッパン署の留置所、その後約1週間はマリリア本署に移されて釈放されたという。ところがその間、肝心の目撃者の魚屋が突然「見ていない」と証言を翻したため、7人の憤りは宙に浮いてしまった。何らかの圧力がかかったのかもしれない。

『百年の水流』では「この事件に関する記録書類からは、国旗問題は削除された、という。当時

『コラソンイス・スージョス』の表紙（一番右が日高本人）

はブラジル社会でも、国旗は『犯すべからざるモノ』と認識されており、もし、靴の泥を拭ったなどという事実が公になれば大問題に発展すると、警察が危惧したため、といわれる」（345頁）と説明する。

日高は後に、定年退職した当時の伯人警察署関係者に、この事件の書類の中に国旗問題に関する記述があるかと尋ねたことがある。彼は「今だから言えることだがね、たとえそんなことがあったとしても書類に残すわけないじゃないか」と一笑に付されたという。

伯人有名ジャーナリスト、フェルナンド・モライスはベストセラー『コラソンイス・スージョス』の冒頭のエピソードとしてこれを取り上げた。まるで黒澤映画にかぶせるように「7人のサムライ」と表現し、表紙の写真にまで使った。「デレガシア（警察署）の中で撮られたらしいが全然記憶にない」と日高は首をかしげる。

同書ではまるで見てきたかのように臨場感あふれるタッチで、「その中の最年少だった日高は刀を抜いて一撃を食らわすべく突進して来た。兵士たちは5人がかりで取り押さえ、武装解除した」（20頁）などといかにも大捕り物であったかのように脚色している。

モライスは日高本人にも取材した。だが日高は「その時、僕は手に日本語の勉強で使っていた雑記帳を持っていただけ。刀なんて持っていない。面白おかしくしたかったんでしょ。確かにメンバーの一人が脇差を持っていたが、それも拘留されて身体検査された時に知った。あの本はその部分まで読んでもう投げてしまった」と証言する。

「ただし、もし靴を拭った警察官がその事実を認めていたら、その時は何が起きたかは僕にも分からない。でも警察官は『今いない』といわれた」と真剣な表情で付け加えた。

一体、誰の言葉が正しいのか――。

## 勝ち組潰しで誤解広めた?!

日高徳一は1946年4月1日の元駐亜国大使・古谷重綱襲撃にも参加し、未遂に終わっている。同時に実行された野村忠三郎・元文教普及会事務長殺害事件の影響で、翌2日に臣道連盟関係者1200人もの大検挙に事態は発展した。フェイラ（青空市）でよく使われているカーキ色のカッパを襲撃時に着ていたことから、「同じカッパを着ていた」との理由だけで無関係な日本人フェイランテ（市場商人）までがしょっ引かれた。

日高は脇山元大佐事件まで2カ月間、転々と潜伏生活をしていた。これ以上冤罪犠牲者を出さないためにと、6月2日の脇山襲撃後には全員が自首することを申し合わせていた。「捕まったら生きて還れるか分からんぞといわれ、警察に半殺しにされると覚悟していた。もしくは自警団にやられるかもしれないと」と出頭時の心境を振り返る。

「僕は〝やった〟と自首しているから拷問とかなかった。でも監獄では全然関係ない人が臣道連盟の一員だというだけで引っ張られ、『知らない』『日本は勝った』と証言して叩かれたり拷問に遭った。取調べから牢屋に戻ってきたあるモジの臣道連盟の人は、ふくらはぎを警棒でしこたま殴られ、腫れ上がっていた。僕らは看守から氷を貰って冷やしたりしていた」と昨日のことのように思い出す。

勝ち負け抗争の中でも最大の争点はテロ事件が臣道連盟の計画であったかどうかだ。『八十年史』には、「隊員たちは襲撃に先立ち、渡辺からそれぞれカーキ色のカッパと逃走資金として500クルゼイロを受け取っていた」（203頁）と臣連が費用を負担し、その命令により実行したように書かれている。

でも日高徳一は「そんなお金貰っていない」と明言する。「お金がないから（潜伏先の）サントアマーロからジャバクアラまで歩いた。パステルが欲しくても美味しそうな匂いをかがないように店の前を鼻をつまんで通った」と笑う。

「バストスの山本さん（溝部幾太バストス産組専務理事殺害実行犯）も島（アンシェッタ島）で初めて会った。カフェランジアとか他の町で事件を起こしたのは全然知らない人たちだった」と横の関係も否定する。

『百年の水流』の中で、外山脩は群集心理によって同時期に多発したとの説を提示する（442頁）。同様の感情を抱いている大きな集団の中で、きっかけとなる誰かの行動に影響を受けて、次々に後追い者を生む心理傾向だ。

そもそも、それほど大規模な組織的行動が、当時の行動管制された日本移民に可能だったのだろうかとの疑問も浮かぶ。

臣道連盟の命令であるかどうかはＤＯＰＳ調書の〝自白〟が最大の証拠だ。しかし取り調べの時、日高は何度も「臣連にマンダ（命令）されたんだろう？」と訊かれた。警察の先入観が質問に丸見えだった。日高は「違う」と繰り返し否定したが調書には関係しているように書かれた。

「『命令されたといえば罪が軽くなる』といわれたけど、そうじゃないんだから言い様がない。ポルトガル語も分からないから調書は勝手に作られてメクラ判を押しただけ」という。

「僕は臣道連盟の青年部だったが、それを辞めて参加した。むしろ島ではアラサツーバの臣道連盟のえらい人に、聞こえよがしに言われた。『精神修養のために団体を作って公認登録をしていたのに、若いモンが余計なことをするからこんな目に……』って。僕等は憎まれたんですよ。いらんことしたって」。

日高はこう推測する。「負け組の人は、臣道連盟が一番大きかったから勝ち組つぶしの標的にするのにちょうど良かったんじゃないですか。それで『臣道連盟イコール特攻隊』だっていう誤解を広めた。僕らが勝手にやったことで本当は全然関係ないんです」

多くの資料と証言を積み重ねた『百年の水流』には、「テロ事件の最初の報道の段階で、決行者の隊名『特行隊』を『特攻隊』、それも臣連の一組織であったとする勘違いが起きた。（中略）驚くことに、これは通説となり、今日まで生き続けている。60年間も……」（469頁）と断じている。

## ジャズを愛した脇山大佐の息子

運命の日――1946年6月2日午後7時ごろ、まだ9歳だった脇山パウロさんは4歳年上のお姉さんと一緒にお客さんだと思って、玄関の戸を開けた。張り詰めた空気をまとった青年4人が祖父を訪ねてきていた。

「父（脇山一郎）が音楽や仕事で忙しかったから、お爺さんと過ごす時間が多かった。厳しいけど優しい、そんなイメージだった」と脇山甚作退役陸軍大佐の孫の脇山パウロさん（74歳・二世）は振り返る。

取材に訪れた東洋街の一角、ガルボン・ブエノ街の会計士事務所の奥まった社長室には、父一郎に並んで軍服姿の脇山大佐の写真も飾られていた。

パウロさんは「祖父は一日の時間割が決まっていて軍隊式にそれを必ず守っていた。夜は僕らに日本語を教えてくれ、その後は唱歌を歌ってとても楽しかった。昼間にサッカーで遊んでくれたこともある」と懐かしそうに思い出す。

1930年に脇山家は移住した。大佐の息子はコロニアでは有名な音楽家、脇山一郎だ。『コロニア芸能史』（1986年、同編纂委員会）には特別に一節が設けられ、「脇山一郎の秀でた先駆的な足跡は、コロニアの音楽史に永遠に記録されるべきものであろう」（133頁）と明記されている。

1937年のバストス楽団結成にはじまり、日系初のジャズバンド結成、日米開戦直前に移住地挙げて取り組んで歌劇「浦島」を成功させた。日本精神の権化のような軍人である甚作は、意外なことにアメリカ音楽を愛するモダンな息子を許していた。

一郎の妻・初野が結核に冒され１９４３年からカンポスで療養して別居し、脇山家は出聖してボスケ・ダ・サウデ区に住んでいた。

この頃、高原療養所にいる妻を再々見舞う生活の中、一郎は歌曲「高原の花」を作詞・作曲する。冷たい風が吹きすさぶ高原にひっそりと咲くスミレの花にあやかって、妻を想う気持ちを託したこの曲は独特の陰影と叙情に包まれている。

「高原の花」の第１回の吹き込み風景（1946年６月２日、録音スタジオで・『コロニア芸能史』）

しかし、療養の甲斐なく終戦を迎えた直後の8月17日、初野は結核が悪化して他界した。
終戦後の混乱の中で人心乱れ、殺伐とした時勢に少しでも生活に潤いを提供しようと、竹内秀一（元日伯新聞総支配人）は日本の歌謡曲のレコード制作を企画し、一郎の下に持ち込んだ。
「内紛で暗いコロニアに明るい新風を入れるには、コロニア唯一の娯楽である歌謡曲のレコードを売り出すことである」（『コロニア芸能史』１３７頁）と考えたのだ。
日本との国交が途絶えているのでレコードの輸入はできない。戦前に着荷した日本のレコードをコピーしては違法行為になってしまうので、コロニア版のレコード制作が必要だった。一郎は原版吹き込み技術などまったく知らないために最初は断ったが、一郎なしにこの企画はありえないと考えた竹内は執拗だった。

結局、一郎はその仕事を引き受け、聖市の仲間を総動員して失敗を繰り返しながら練習を繰り返した。ようやくめどがついたのは1946年5月末。第1回目のレコード録音は6月2日夜に決まった。「コロニアの音楽人の協力によって歌謡曲のレコードが誕生した画期的な瞬間だった」(同137頁)。

その晩は、奇しくも脇山家に4人の口数少ない青年が訪れた日だった。人生には禍福にいっぺんに見舞われる運命の夜がある。

## 『高原の花』に込めた想い

なにげない一日の終わりのはずだった46年6月2日午後7時、突じょ、運命の夜が訪れた。

4人は応接間に通され、着物姿の脇山元大佐に対面して椅子に座った。客用の椅子は3脚しかなかったので、姉がもう1脚を持っていくと、ドア近くに一人だけ立っていた男が不要とばかりにそれを蹴飛ばしたのを見て、不審に感じた。

「女子供は巻き込まない」との約束に従い、山下博美が武器を持たずにドアに一番近い場所に陣取っていた。当時9歳だったパウロが子供心に不安になって中を覗こうとドアを僅かに開けると、バンと向こうから勢いよく閉められた。

「これはおかしい」。応接間の隣の部屋、台所にいた祖母(大佐の妻、静江)、姉、妹と自分の間に一気に緊迫した空気が流れた。顔を見合わせ身構えた。以前から祖父が狙われていると用心し、隣家の日本人宅との塀代わりの鉄条網を人が抜けられる程度にあらかじめ切ってあった。

「5分もしなかったと思います。早かった」。突然、応接間からバン、バンと銃声が聞こえた瞬間に隣家に向かって走った。「とにかく怖かった。自分たちも殺されると思っていた」と恐怖を思い出す。

「僕が覚えているのは本当にそれだけ」。脇山パウロ（74歳・二世）は実にあっさりと言い切る。口惜しさ、憎悪、そんな感情の入った言葉を何一つ加えなかった。

妻、祖父を立て続けに喪った一郎（パウロの父）は、以来全てを忘れようとするが如く音楽活動に没入していった。

「みんな忘れた。もう別に癪にさわることもない」と語る脇山大佐の孫パウロ

戦争中に妻を想って作詞作曲した歌曲『高原の花』を苦心の末にレコーディングし、当時オペラ歌手の修行中だったソプラノの田村敏子が歌い、コンチネンタル・レコード会社から売り出すと異例の大ヒットとなった。荒んだ世情を潤すヒット・メロディーとして愛され、今も歌い継がれるコロニアを代表する愛唱曲の一つとなった。

ところが、その一郎も50年6月に自動車事故で他界してしまう。享年40歳の若さ、まるで何かを追いかけるような生き急いだ生涯だった。

「移民の子として渡伯し、農業のかたわら恵まれた音楽的資性をもとに、コロニア音楽界の創始期からパイオニアとして、音楽活動に専心、身辺の逆境と戦い、コロニアと哀歓を分かちながら続けてき、大きな業績を残し、コロニア音楽がようやく花を結ぼうとする直前の彼の死に、コロニア音楽に関係するもの全てが粛然として哀悼の意を捧げた」（『コロニア芸能史』139頁）

その年の8月に音楽関係者総出演で行なわれた哀悼音楽会では、もちろん名曲「高原の花」が演奏された。

「丘の小草のスミレさえ　待てばまた咲く春がある　わが世淋しいと言うな君　また来る春がないじゃない　あー高原の花のわびしさよ」との歌詞と哀調を帯びたメロディーは、現在のカラオケ全盛期につながる戦後最初のコロニア歌謡史を彩る1頁でもあった。

脇山家はわずかな間に続けざまに3人を失う不幸に見舞われ、残された兄弟4人は祖母の細腕一本で育てられた。

姉が事件の詳細を聞きたがるたびに、祖母は「そんなこと知らないほうがいい。忘れなさい。知ったって仕方ない」といい、いくら聞いても教えようとしなかった。パウロはその時は「何も言ってくれなかったと子供心に残念な気がしていた」とふり返る。

その後、兄や姉は南銀で働き、パウロは会計士になってガルボン・ブエノ街に事務所を構えて今年41年目の最古参となった。

今でも実行犯を憎んでいますか?――との記者の問いかけに、「今はお祖母さんの言った通りだったと思う。みんな忘れた。もう別に癪にさわることもない」と応え、65年前の忌まわしい記憶を超えた達観の雰囲気を言外に漂わせた。

## 波乱万丈な日高の父の生涯

日高徳一の祖父・末五良（すえごろう）は宮崎県の旧薩摩藩に属す地域の出身で1877（明治10）年に起きた西南の役の時、「一蔵（いちぞう、大久保利通の前名）を懲らしめないといかんと言って、見たことも声を聞いたこともない西郷どんのために出兵しました。貧乏士族、いや足軽だったと聞いている」と思い起こす。これは西郷隆盛を盟主に担ぎ上げ、明治初期の一連の士族反乱中、最大規模にして日本最後の内戦となった。明治の熱い血が滾った家系であった。

薩摩藩は身分の区別が厳しいことで知られ、明治維新ではそれに対する反発から万人平等の思想に共鳴する人、平民が大統領になれる米国の現実を一目見ようと飛び出す人が多くいた。

徳一の父・源三（げんぞう、宮崎）は1886（明治19）年生まれで、戦前に聖州新報を立ち上げた香山六郎（熊本）と同じ生年だ。香山は22歳にして笠戸丸で渡伯する機会をえたが、源三は早くも16歳にして上海に渡り、日露戦争をはさんで2年間ほど東亜同文書院（愛知大学の前身）で書生をしていた。海外に日本人が創立した最も古い学校の一つだ。その時、西欧列強にひしがれていたアジア諸国民の喜び様を目の当たりにしたに違いない。

その間にシンガポールでゴム園を経営する日本人元大佐に働かないかと誘われたこともあったが、当初から描いていた渡米の夢を捨てきれず、帰国して機会を虎視眈々と伺っていた。

父・日高源三

29歳にして北米に命からがら密航した。「水が凍るように冷たい冬は海に飛び込んで密航する者がいないといわれていたので、わざわざ冬を選んで渡航し、船から飛び込んで密航したそうです」と父は徳一に語った。ポートランドに滞在したというから、カナダとの国境のバンクーバーから密航したようだ。

さらにはアラスカまで足を伸ばすなど波乱万丈な9年間を過ごすも、1924年に成立したアメリカ排日移民法が上下両院を通過、施行された。排日運動の激化により、源三は38歳の時やむを得ず帰国した。そしてマサと結婚、源三が40歳、マサが30歳の時に徳一が男3人兄弟の次男として生まれた。

「父は米国にいる間に第一次大戦だかシベリア出兵だかの召集令状が実家の方へ来て、密航中だったのでそれに行けんかった。そのことをいつも悔やんでいた。『日本人としての義務を果たしたかった』と何度も言っていた」と思い出す。外国で苦労した移民は、日本人であることの証を生きる支えにして日本精神を滋養すると言われる。

若くして海外志向の強かった源三にとって、夢を抱いて渡った米国で成立した排日法には絶望を覚えた。そんな生活の中で、命を賭してお国の為に尽すことは日本人としての務めであるとの気持ちが心中深く刻み込まれていたとして不思議はない。夢破れて帰った祖国でも厳しい現実が待っていた。年々不況が生活を圧迫し、海外渡航熱がさらに高まっていた。

源三は初めて家族を連れて3度目の正直のつもりで海外渡航に挑戦したのだろう。源三46歳、徳一6歳の時だった。1932年12月サントス着のもんてびでお丸で渡伯し、最初はモジアナ線の外人耕地に配耕され、2年コロノ生活をした後、新移民の常としてパウリスタ延長線の日本人植民地を転々とした。

「両親はデカセギのつもりで5年したら金を貯めて帰るから学校なんか行かなくていいって、僕は日本語学校にすら行かなかった」

ところがすぐ2年後、ブラジル版排日法である二分制限法が施行される。米国での悪夢の二の舞だった。しかも錦衣帰郷どころか帰りの旅費さえままならない現実……。環太平洋にまたがる激動の歴史に奔走された源三は、自分の果たせなかった夢を子供に託したに違いない。

源三は「日本人は世界で一番優秀な民族だ」と繰り返し子供に説き、そのような本ばかり読んで、二言目には日本精神の在り様を説いた。徳一は「オヤジが日本人としての考えをわし等の頭に突っ込んだのかもしれないが、実際に自分もそうだと思っていた。決してオヤジのせいだとは思わない」と言明する。

## どの立場で暗殺されたか

不思議なもので暗殺されたのは同じでも、どの立場で殺されたかによって事件としての意味が異なってくる。また1946年3月からの一連の勝ち負けテロ事件で狙われた人々は「負けた」と言ったから狙われたのではなく、「戦前は自分たちの指導者だと思っていたのに変節した」と思われて狙われたという部分が強い。

日高徳一は、「我々は戦前の日伯新聞の編集長としての野村忠三郎を狙ったわけではない。彼がそうだったことすらよく知らなかったし、邦字紙を狙おうなんて考えたこともない。あくまでも日本人文教普及会（戦前の日本語教育の中心団体、以後、普及会）の事務局長として、日本精神の向上を訴えて地方を講演して回っていた彼が急変したのを糺そうとした」と繰り返した。

このように従来の史書にあるテロ事件被害者の肩書きと、テロ実行者が認識する肩書きがズレている。例えば『八十年史』には「元駐アルゼンチン公使（＝編注・大使）」（168頁）としての古谷重綱（ふるや・しげつな）が強調されているが、実行者にとっては「普及会の元会長の古谷」だった。脇山元大佐も普及会理事であり、臣道連盟の前身たる興道社メンバーとして急変を問われた。

宮腰千葉太（海興支店長）もそうだ。1938年、市毛孝三在聖総領事は二世学生に日本文化を理解させる目的で「龍土会」を始め、宮腰を指導者にすえて連続講演させた。「彼の思想は古神道を根底とした日本精神で、東京帝大在學中筧博士の古神道學の講義をきいて、これに敬服している。（中略）龍土会はかくして思想的には反動的な傾向を濃厚にした」（『四十年史』319頁）とあり、やはり思想的指導者でもあった。

従来の史書では、被害者の肩書きの中でもより公共性、一般性の高いものを強調することで、いかにもマスコミや政府筋、ブラジル官憲にとっても大事件であったかのように記録されている。

でも勝ち組の認識はもっと単純だった。戦前には大日本帝国の国威発揚を説いていたはずの指導者が、45年10月に各邦人集団地に配布された敗戦を説明した「終戦事情伝達趣意書」に率先して署名していた。その筆頭が脇山元大佐であり、地方ではそれを見て驚き裏切られたと感じ、その7人の署名者が最初の標的に選ばれた。日高は「署名した人を黙らせれば、みなの動揺が収まる」と考えたという。

それに加え、終戦直後、負け組系の人物による皇室への不敬、「負けたんだからもう日の丸はいらない」などの発言等があったと日高は尊敬する大人から嘆かれた。一番頭にきた話は、ある移住地の認識派リーダーの妻が「勝ち組は日の丸、日の丸いうが、そんなもん、私のまたぐらに布を突っ込めば何枚でもできる」と言ったという噂話だった。国旗は日本の象徴であり、ツッパンの「日の丸事件」同様に犯すべからざる存在であった。真偽は確かめようがない。だが、勝ち負けの対立の背景にはそのような言説がまことしやかにあった。

日高は「その当時、とても口にできんような不敬な話や日本を馬鹿にした話をしゃべり回っている人がいた。それを見て大人たちは『日本のためになんとかして治めにゃいかん』と悩んでいた。それを見て僕等は日本のために徹底的に尽さにゃいかんと思っていた。その当時はそれしか頭になかった」とふり返る。

勝ち負け抗争から65年経った今、当時とは事情が異なってきた。実行者の日高本人が「臣道連盟」＝「特行隊」ではないと証言している以上、「自分は勝ち組だった」「臣道連盟の会員だった」と胸を張って証言して差し障りのない時代になったといえる。既成概念を超えて、より史実に近いコロニア観を持てる時代になってきた。

戦後に立場の違いこそ生まれたが、元々は同じような人生観や感性を共有していた者同志だった。祖国を軸にして皆が懸命に生き、暗中模索した時代だった。

## 狂信者と言われて

日高徳一は大義名分を大事にする。「僕等はなにも勝った負けたのためにやったんじゃない。あくまで日本国家と皇室の尊厳のために立ち上がったんです。脇山大佐には申し訳ないが、彼個人になんら恨みがあったわけではない」。大義名分は立場によって異なるし、それがあれば何をやっても許されるわけではない。だが単なる殺人事件でないことも確かだ。

「運命の夜」の後すぐに自首し牢獄を経て〝島流し〟(アンシェッタ島)され2年7カ月を過ごした。そこを解放された時、官選弁護士から「使用した武器は出てこない、目撃者はいない状況では犯罪は成立しない。罪にならないから釈放だ」と言われ司法の有様にあっけに取られた。

日高は「それは違う。人の家庭をグチャグチャにしたんだから、こんなことで釈放では大義名分が通らない」と言い張り、約30年の量刑を言い渡され、カランジルー刑務所に収監された。最後の2年はバウルーの受刑者向け農園で農作業をやり、計10年の刑期を終えた。「日本人が普通の生活をしていたらそれだけで模範囚ですから、どんどん刑期が短縮されちゃうんですよ」。

家族は頻繁に見舞いにきていた。「オヤジは僕がやったことに対して何も言わなかった」。徳一が事件の実行犯だったことで、父や弟は警察や自警団から酷い目に遭わされていたという。迷惑をかけまいと何も言わずに出聖したから、家族は本当に知らなかった。

それでも父は息子の一途な気持ちが痛いほど分ったに違いない。「良くやった」とも「なんてことをしてくれたんだ」とも言わず、まるで何事もなかったかのように、ただ黙って家族の一員として受け入れた。

刑務所から出てきた頃、当時の邦字紙から「狂信者」「残党」などと書き立てられた。「やってないことまで書かれた。裁判に訴えたらどうだ」と家族は怒ったが、日高は「そんなことしても仕方ない。やったことはやったんだ。人がどう思おうがかまわん」と取り合わなかった。戦後の傷跡が癒えず、みながささくれ立っていた時代だった。

58年頃からポンペイアで父が細々とやっていた自転車修理店を引継ぎ、68年にマリリアへ転居した。「働くったって資本もないし、他になにも知らんですから」と笑う。「移民70周年、80周年の頃は僕もまだ心が解けていなかった。刑務所出て無一文から生活を始めて経済的にも本当に難しかった。いろいろな意味で余裕がなかった」と思い出す。

日高は93年10月、宮崎県の第1回南米移住高齢者里帰り事業の一員として61年ぶりに郷里の土を踏んだ。40日間ほど滞在し、天岩戸、宮崎神宮、靖国神社、皇居など見て回った。「夢のようだった。日本が立派になったのに驚いた」。幼少で離れたとはいえ、命を懸けて尽したお国、夢にまで見た祖国だった。でも「数年で帰るつもりで来たブラジルだが、ここに骨を埋めるのが運命なんでしょうな」との気分になってきた。少しずつ自分の中で何かが変っていった。

日高が最初にマスコミの取材を受けたのは2000年頃だった。イマージェンス・ド・ジャポンの奥原マリオ純社長と大井セリア史料館館長（当時）に自分の体験をありのままにしゃべり、世の中に伝えることの大事さに気付いた。何度も取材される中で信頼関係が築かれ、徐々に心が解けていった。

08年の前半、日系社会の歴史に関心を持つ共同通信の名波正晴リオ支局長（当時）は百周年に関係して、「後からどんなことを言っても弁解と取られる」と誰からの取材も頑なに拒んできた蒸野太郎に話を聞きたいと考えた。野村忠三郎殺害犯の一人だ。

名波の意図に賛同した日高がまず一人で蒸野宅に向かった。7歳も年上の野武士然とした蒸野の差し向かいに座り、「わしらだけが言うたんじゃダメじゃ。わしらの先輩らが『狂信者』だと言われたままにしておいていいわけがない。蒸野さんからも記者さんに自分の想いを話してくれんか」と頼み込んだ。

ただでさえ怖い蒸野のさらに真剣さを増した表情を見て、日高は「叩き出されるのを覚悟した」と述懐する。じーっと目を瞑って考え込み数十分にも思える沈黙の後で、蒸野は「会おう」とだけ答えた。

## 憑き物が落ちた瞬間

蒸野太郎は46年4月の野村忠三郎事件後、サントアマーロ方面に徒歩で逃げ、道なき道を彷徨った。まるで彼が辿ることになる後の人生を暗示するかのような辛い逃避行であったという。

偶然行き着いた日本人農家が同じキンターナ出身者で、顔を見るなり「太郎か」と言い、二言目には「よくやった！」と匿ってくれた。その時腹に巻いていた日の丸を預かってもらい、農作業を手伝っていた。隠密にしていたため日高が脇山事件に誘おうと探しても行方が分らなかった。でも近隣の密告で逮捕され10年以上服役した。出獄後に農家にお礼に行き、隠し持っていてもらった国旗と再会した。その日の丸が先日、移民史料館に寄贈された。

お言葉をのべられる皇太子殿下にじっと手を合わせる蒸野、手前右が日高（08年６月、百年祭サンパウロ市会場で）

テレビ修理技術を学び、欧州系進出企業やブラジルのテレビ局に勤務した。責任感溢れる真面目な勤務態度が認められ、役員自ら「幹部に取り立てたいから帰化しないか」と説得にきた。蒸野は毅然と断り、辞職の道を選んだ。「誇りを持って日本人として生きてきた。今さら金や地位のために国籍を捨てるわけにゃいかん」。

一方、山下博美は野村事件では拳銃を持っていき引き金を引いたが不発だったという。脇山事件では銃すら持たずに女子供の制止役に徹しただけだったが、実行者たる日高たち以上に長い期間服役した。刑務所の労働で覚えた検査技師の仕事を出所後も一生続けた。

08年前半、記者に会うように日高に説得された蒸野はイマージェンス・ド・ジャポンの奥原マリオ純の車に乗って、共同通信の名波、フリージャーナリストの外山の待つ山下宅に向かった。

日高が口を挿もうとするたびに、蒸野は無言のうちに手で制した。もう覚悟は決まっていた。尊敬する先輩らを「狂信者」と呼ばせたままにしておいてはいけない。突然、蒸野は感極まった表情になり、60年もの間、胸の奥に溜めていた何かを吐き出すようにしゃべりはじめた。

ベテラン記者の名波にとっても衝撃的な瞬間だった。「あの時は凄かった。何が起こったかという感じだった」とふり返る。奥原はその瞬間を録画した。多くの勝ち負け抗争関係者を取材したこの実録映画はいずれ公開される予定だ。

## “戦時下”の延長だったあの頃

08年6月のブラジル日本移民百年祭サンパウロ市式典の入場券を手に入れるため、日高は3回もマリリアから出聖した。「皇太子殿下にお目にかかれるなんて一生のうちで、最初で最後」と思い詰め、5月12日が自分の金婚式だったがかまわず出聖した。「花婿なしの金婚式。わしゃキチガイですから」と笑う。

式典当日は、霧の都らしいガロア（霧雨）混じりの寒空だった。会場の中央を貫く行進道路を挟んで、わずか20メートルのところに夢にまで見た皇太子殿下のお姿があった。

最前列に陣取った蒸野太郎は家族の遺影を膝の上に載せて座り、皇太子殿下が話をされる間は、立ち上がって目をつぶり祈るように手を合わせた。日高と山下は直立不動の姿勢で聞き入った。

日高はその時の情景を鮮烈に記憶する。「まるでそこにいるのはわしと皇太子殿下だけという気分だった。本当にありがたかった」と思い出すだけで目頭を熱くした。

式典を報じる本紙記事には次のコメントが掲載された。日高は「今日は一生で最大の日。もう明日死んでも悔いはない」と目を真っ赤にしながら語った。蒸野は「昔の人の苦労を労っていただき、天界にいる先輩たちも喜んでいるだろう。ブラジルに来た移民は棄民と言われたが、日本人の気持ちと心を忘れずに、農業発展に貢献した人々に、皇太子さまが会いに来てくれたことに感謝したい」と涙を浮かべて話した。

百年祭は誰にとっても特別な瞬間だった——。夢にまで見た皇太子殿下のお姿をまじかに見た後、蒸野太郎（享年90）は09年8月、山下博美（享年86）は10年10月に相次いで冥界に旅立ち、日高は実行者唯一の証言者となった。

蒸野の葬儀に出席した日高は「〝最後の日本人〟だった」と感じ、胸の奥に大きな穴が開くような寂しさを覚えた。人間誰しも弱みもあれば悩みもある。「蒸野さんは常々『誰にも分ってもらえんでいい。俺のしたことは墓にもって行く』と言っていたが、しゃべった後の顔を見たら、本当は最初から誰かに聞いてほしかったんじゃなかろうかと思った」と明かす。狂信者と罵られて立つ瀬もない世間に対し、頑なにならざるを得なかったのか。

遺族は蒸野が大事に神棚に祀っていた日の丸を棺に納めようとした。彼の生涯が集約されたその国旗を、冥土の土産に持たせようとの心遣いだった。それを見た日高はとっさに制止し、「しかるべきところに収める」と説得し預かった。自分たちが一生を賭けて貫いてきた何かが、白地に紅を手縫いした一枚の布切れに込められている気がした。

だが「しかるべきところ」とはどこか——悩んだ末、信頼する外山脩に相談した。「それなら」

と外山が仲介を申し出て、今回史料館に寄贈された。ガラスケースに収め、外山が説明文を付け加えた。

かつて認識派が中心になってコロニア統合のために創立した文協と、勝ち組の中でも最も強硬だった一派の魂ともいえる日の丸が融合した瞬間だった。栗原猛史料館運営委員長は「貴重な歴史としてぜひ展示したい。さっそく理事会に諮ります」と答えた。

恩讐を超えるには半世紀以上の長い時間が必要だった。勝ち組や臣道連盟はおどろおどろしい秘密結社だったのか？　テロ実行者は当然のこと英雄ではない。かといって狂信者と貶められたままでいい訳もない。

等身大の歴史がもっと広まってもいいはずだ。コロニアは百年祭を越えて、長い間、公に口にするのも憚られた集団心理のトラウマ（心的外傷）に真摯に向き合える時代になってきた。

もう、どちらが正しいと張り合っても仕様がない。勝ち組にも負け組にも、それぞれに日本移民らしい生き様があった。今だからこそ言えないだろうか。「勝ち」も「負け」もコロニアという一枚のコインの裏表——みなが等しく犠牲者だったと。両側の証言が等しくコロニア史に反映されるべき時期になったと。

アンシェッタ島で「愛国行進曲」をがなって以来、カラオケすらもやらない日高だが、脇山一郎が作った『高原の花』だけは聞いたことがあるという。印象を尋ねると「よく知らんですが、なにやら悲しい歌だった」という。確かに哀調の中に〝何か〟が込められている。

日高は証言の最後に「青春時代をカデイア（牢獄）で過ごしたが、後悔はしとらん。やるべきことはやったと確信する」と言い切った。

だがその後で、ポツリとこうも付け加えた。「人様の家庭を乱してしまったことの償いは、カデイアぐらいでは済まないと思っている。確かに自分がやった。今さら何を言っても正当化する理由にはならない。だから島流しにされた時からずっと仏壇に手を合わせて祈っている。戦争のない平和な世界を」。普段歯切れのいいしゃべり方をする日高だが、この時だけはくぐもったような嗚咽が混じった。

直接の戦場にならなかったはずの伯国で、彼らは当時〝戦時下〟同様だと思いつめていた。戦争で敵を殺すのと平時での殺人事件ほど、人一人の命の重みが異なることはあるまい。

しかもわずか20歳でそれを経験し、一生をかけてその違いをじわじわと体感してきた。幼少で渡伯した彼らに誰がそんな時世観を与え、償いようのない過酷な運命を決定付けたのか。

今も胸の奥底に65年前の疼きを抱えながら、日高は毎年〝運命の夜〟に自宅の仏壇に線香を供え、静かに手を合わせる。

# Ⅶ　正史から抹殺されたジャーナリスト、岸本昂一

（ニッケイ新聞で《『南米の戦野に孤立して』＝表現の自由と戦中のトラウマ》として２０１５年９月26日から11月20日まで32回連載）

## 日本語書籍唯一の発禁処分

１９４８年３月３日午前10時、サンパウロ市ピニェイロス区の寄宿舎学校「暁星学園」に社会政治警察（ＤＯＰＳ、日本の特高警察に似た組織）の刑事が突然訪れ、著書『南米の戦野に孤立して』を出版したばかりの岸本昂一学園長（筆名＝丘陽、１８９８―１９７７、新潟県）に出頭を命じ、同書を全て押収した。約1カ月間も投獄され、以後10年間は国外追放裁判と闘うことになる。力行会を通して渡伯したキリスト教徒、永住論者だった彼が「国家の脅威」として告発されたのは何故か。その記録は、２０１５年４月に終了したサンパウロ州真相究明委員会による「日本移民迫害」を証明する一部にも収められた。終戦70周年を機に、表現の自由と戦中のトラウマを切り口として、ブラジル唯一の日本語書籍禁書事件の顛末を調べた。

岸本は1898年、新潟県新発田市出身、ハルビン日露協会露語科修了後、力行会を通して1922年に渡伯し、上塚植民地ゴンザーガ区ボラ植民地で日本語教師を始めた。その後出聖し、1932年に寄宿舎学校「暁星学園」を創立。36年から年2回、学校の会報『暁星学園会報』（18頁）を始めた。

最初は父兄向けの会報だったが、徐々に内容を一般向けに変え、40年2月から隔月刊の青年雑誌『曠野』（32頁、活字）に発展させ、18号を数えて1200人の読者を擁するまでになっていた。ところが欧州大戦の勃発により、1941年年初に外国書籍禁止令が出され、邦字紙と同じ8月を持って停刊させられた。

戦後は50年8月から隔月刊誌『曠野の星』として再刊した。5千人の購読者を誇った同誌は、3年以上続く雑誌が稀だった時代に23年間（戦前の5年間を含めて）も続いた。コロニア雑誌界を代表する一誌といえる。

書斎で執筆中の岸本（『戦野』第三版）

しかもDOPSから発禁処分にされた『南米の戦野に孤立して』を含め、計8冊もの著書を刊行した。母県では1998年、岸本の死後、21年も経ってから人物評伝『ブラジルコロニアの先駆者　岸本昂一』（松田時次、新潟県海外移住家族会）が刊行された。

さらに2002年には『南米の戦野に孤立して』が隠された名著として日本の東風社から復刻された。死後30年が経ってから母国で評価を見直されるような著書を書いたコロニア人が他にいるだろうか。

ところが『移民70年史』『80年史』を紐解いても「岸本昂一」『曠野の星』などの言葉はほぼ出ていない。5千人の購読者を誇った同誌に関する記述はほぼゼロ——。コロニア正史から抹殺されたジャーナリストだった。

## 終戦直後のベストセラー

聖州公文書館（Arquivo Público do Estado de São Paulo）でDOPSの岸本調書（10590）を調べたところ、1957年5月21日付けの判決文があった。岸本への容疑は「ブラジルを攻撃し、人種対立を刺激し、日本人の孤立を促進する内容の本を刊行して国益を害した」であり、《帰化権を剥奪した上で、国外追放に処する》ことを連邦公安省が刑事告訴したものだった。

一移民が書いた本一冊、しかも日本語——。そこに書かれた何が当時の国家安全上の〝危険〟と見られたのか？

『戦野』初版2千部は47年9月に発行され、10日を待たずして売り切れた。当時の定価約80クルゼイロスは決して安くない。続いて1948年1月に第二版の5千部を再販し、3カ月で3500部が売れたという。戦争中の日本移民迫害の経験を書いた内容への共感が広がり、同胞社会のベストセラーになった。

それゆえに認識派の一部から「ブラジルを侮辱した」と騒がれ、官憲に手を回された。裁判書類によれば、岸本逮捕は48年3月3日で、その証言から日系書店に2千冊が配本されていることが分かり、同10、11日にはカーザ中矢、太陽堂、平和堂など各書店の在庫もすべて押収され、その経営者も調書を取られた。

同年4月2日付調書の最後で、カーザ中矢の共同経営者の河野忠重さんは50冊入荷したうち48冊は販売済みと証言。《私は岸本さんの考え方とは反対で、彼の本にはブラジル官憲に関する真実が欠けている。私はブラジル官憲やブラジル国に対するいかなる苦情も常に持ち合わせていない》とある。

左が初版（1947年）、右が３版（1962年）

商店は官憲に閉鎖命令を出されれば、それでお終いだ。事実、コンデ街の強制立退き令はつい6年前のことであり、本心ではどう思っていても「お上」にたて突く言葉が言えたはずはない。とはいえ、認識派が大半の商店主も、顧客の圧倒的多数が勝ち組だった当時、彼らに売れる商品であれば扱わざるを得ない事情もあっただろう。

この時点でDOPSの中でも「Seção de Expulsandos」（国外追放課）のトマス・パウマ・ロッシャ警部補が押収命令を出していることから、最初から「国外追放」を前提としての動きだったことが分かる。

大ベストセラーを書いた喜びと、それゆえに官憲の弾圧に直面した恐怖――当時の岸本の心中はどんなものだったろうか……。1カ月後には釈放されているが、それからが本当の戦いの始まりだった。48年当時、岸本は働き盛りの49歳だった。

## 現地メディア「最悪の人物」と報道

当時の伯字紙を探すと主要紙が揃って岸本逮捕を報じていた。前年まで連日騒がせた臣道連盟に関連した大事件と見られていた。

48年5月16日付コレイオ・ダ・マニャン紙は「ブラジルにたて突く本を書く」との見出しで岸本逮捕を報じ、「この日本人はこっそりとブラジルを攻撃、中傷する本を書いた」「ブラジル生まれの子供が何人もいる事から、法務大臣は国外追放でなく、国籍剥奪だけにした。岸本は臣道連盟のテロ事件の時にも逮捕されていた」などといい加減な内容を書いた。

48年5月15日付フォーリャ・ダ・ノイテ紙も「日本人によって日本語で書かれたブラジルを侮辱する本」との刺激的な見出しで報じた。本の内容は「日本の国粋主義と孤立主義を説く」とし、「帰化人だがこの望まれない人物は追放されるだろう」と書かれた。しかも掲載された写真は、まったく別人の岸本次男にみえる。

同日付コレイオ・パウリスターノ紙も「反ブラジル的本を書いて告訴される」との見出しで、《この最悪の人物は、反ブラジル国民的な文章や様々なウソをついてブラジル政府を暴力的に攻撃する本をこっそりと書いた》と説明する。ところが《岸本は臣道連盟事件の時も容疑者として聖市で逮捕されていた。当市で発刊されている雑誌『断』の発刊主でもある》と書き、こちらも「岸本次男」と勘違いしている。

この伯字紙におけるキシモト違いは度々現れる。岸本次男は〝怪人物〟として知られ、『移民の生活の歴史』（半田知雄・人文研・1970年・675頁）にも《彼は警察関係や上層政治家に多くの知友を持つ天下御免の人物とも噂されていたが、警察でも一部のものは謎の人物としてあつかっていた》とあるやっかいな裏社会的存在だ。

勝ち負け報道を通して、自らのジャーナリストとしての経歴を磨いていった人物がいる。日系人で最初に伯国マスコミで活躍した翁長英雄だ。戦前の『日本新聞』社長の翁長助成の長男で、USP法学部を卒業した41年にフォーリャ・ダ・マニャンで校正係として勤め始め、記者になった。45年当時には朝刊紙としては最多部数（10万部）を誇ったジョルナル・デ・サンパウロ（JSP）で働いていた。当時の最大手夕刊紙ノイテ紙は、勝ち負け抗争に大きな紙面を割き、1946年4月10日付けでは、若僧といわれそうな若干24歳の翁長英雄の意見をデカデカと掲載した。しかも大きな顔写真付きだ。別の新聞社の記者をこの扱いで報じるとは、異例の中の異例だろう。

## 勝ち組叩きで名を挙げた翁長

翁長英雄の意見を大々的に報道した1946年4月10日付ノイテ紙記事の主見出しは「A Shindo-Renmei Prosseguira!」（臣道連盟は突き進むだろう）。副見出しが「Um nipo-brasileiro fala」（日系ブラジル人は言う）になっている。

二世も含めて「ジャポネース」と一般的に表現されていた時代に、「ブラジル人の一部」という

nipo-brasileiro fala:
A "SHINDO-REMME
PROSSEGUIRA'!
A NOITE
m "astro" na cadeia...
vo queria linchar
atedores de carteira

翁長英雄が反勝ち組声明を上げるノイテ紙インタビュー記事

ニュアンスを強く持つ「日系ブラジル人」という表現をおそらく初めて伯字紙上で使った。翁長が強硬に主張して入れさせたのではないだろうか。

その記事中、終戦後いち早く日本の敗戦をブラジルの新聞に書いたことで「コロニアの裏切り者」と言われるようになったと翁長は明かした。日本語が読めない彼に臣道連盟の情報を提供していたのは、妹の夫で公証翻訳人資格も持つジャーナリスト山城ジョゼだろう。

この記事は、臣道連盟が聖州の地方部における薄荷生産などのサボタージュの黒幕であると断言し、「今では国民全体に関する治安への危険となった」とまるで一般社会全体に危険が迫っているかのように拡大解釈している。

この段階ですでに「臣道連盟をいっぺんに消滅させるためには次の二つの対策が必要だ。一つは日本人とくにその子孫に対して事実を知らしめること、二つ目にはこの秘密組織に関係した総ての人間を国外追放することだ。それらをやって初めて、我々はこの危険から自由になれる」と結論付けている。

後に実際、臣道連盟幹部には国外追放令に出されるが、その方向付けをした記事といえる。こうして翁長は勝ち組叩きによってブラジル社会から高く評価され、注目を浴びていった。

一方、邦字紙パウリスタ新聞は48年5月11日付で「岸本氏〝戦野に孤立〟か」「筆禍招いた問題の著」「巷間の噂　国外追放」との見出しで報じた。ポ語新聞より1週間も早いタイミングだ。《世間でも岸本氏は前回引致された際からこの事を覚悟していた模様で、国外追放に備え既に事情や家財の整理を始めていると取沙汰しているが～》と、巷の噂という曖昧な根拠にも関わらず国外追放を前提にした、突き放した記事になっている。

ポ語新聞とほぼ同じ48年5月18日付の南米時事紙は「岸本氏筆禍事件」とし、教え子らが法務大臣宛の釈放署名運動を始めたことを3段見出しで同情的に報じた。

その中に岸本本人の説明として《戦争中は世界いずれの国も混乱状態であって、この混乱時代に起こった過誤は誰の罪でもない。ただし私は日系市民としてブラジルにおける日本移民の善良さを忠実にその当時の実情を記録して置く必要を痛感した。このために前後の事情や当時の社会情勢を書かなければならなかったが、これは伯官憲への侮辱ではない。伯国に忠実善良なる日本移民の立場を書くためやむを得ざる描写である》と弁明している。

岸本は同記事中《出版が時期尚早であった点は認めるが、自分には何ら伯国を冒涜する気持ちは更になく、常に永住を叫び伯国教育の必要性を強調してきたものだ》と語っている。『戦野』の初版の奥付を見ると印刷は南米時事新聞社だった。岸本側の立場を弁明するニュアンスが強い記事のようだ。

## 認識派新聞に伝わる〝伝統〟

岸本逮捕に関して伯字紙よりも早く報道にしながら、距離を置くニュアンスのパウリスタ新聞――。パ紙の創立は1947年1月であり、岸本逮捕はその翌年3月だ。

良く調べてみると、そもそも岸本逮捕の発端となったのがパ紙48年2月26日付けポ語頁にあるS・ミツタニ署名の「Um livro-salado japones que merece reparo」（混乱した、要注意の日本語の本）という書評だった。

「いま読み終えたばかり」と前書きし、「著者の意図は日本人社会の人種差別感情を示唆するだけでなく、時代錯誤な認識や馬鹿げた考え方をもってブラジル的なものに対する敵意を感じさせる」と断定している。

『蕃地の上に日輪めぐる』（岸本丘陽・曠野社・58年・493頁、以下『蕃地』）によれば、この書評が発端となってDOPS国外追放課の手入れが行われた。

当時パ紙は週3回発行だった。その時に記者をしていた水野昌之さんに確認すると、当時のポ語版は、山城ジョゼと翁長英雄が二人で週に1回ずつ出社して紙面を作っていたという。「二人共稀に見る紳士だった」との印象を持っている。46年4月からの勝ち負け報道で一般社会の注目を浴びたジャーナリスト2人組だ。

編集部に毎日出社していた水野さんだが「ミツタニという人物は知らない」といい、「あまり出入りのない人物、もしくは翁長らのペンネームかも」と示唆した。パ紙において対岸本の急先鋒だったのは、二世エリートなのかもしれない。

岸本が経営していた暁星学園は、彼が出聖以前に日本語教師をしていたプロミッソンなどノロエステ地方出身子弟を引き受ける寄宿舎でもあった。その勤労部は、金銭的に恵まれない子弟に洗濯屋で仕事をさせ、その賃金で夜学に通わす苦学生制度だった。岸本が渡伯する際に入った力行会も、東京の本部宿舎で共同生活し、牛乳配達しながら苦学をする制度をとっており、彼らしい発想だ。

起床朝5時半、体操、掃除、賛美歌斉唱から始まり、とても厳しい時間割をこなした。その卒業生からは連邦議員、市長、市議ら政治家から弁護士、医師、大学教授、小中学校教師なども誕生した。

2005年12月8日付け本紙《その時「真珠湾攻撃」を知らされた》との見出しで暁星学園の歴史を振り返る記事を出したとき、何人もの同校OBから「なぜ書いてくれたの」と半分戸惑い、半分喜ぶような不思議な反応があった。

逆にその時、パ紙元編集長からは「昔は記事にしなかった勝ち組を最近は記事にするようになったな。いいぞ、やれやれ。俺らの時代にはできなかった」と言われた。

記者本人には単なる「寄宿舎学校OB会」との認識しかなく、「勝ち負け」関係の取材をしている意識はなかったが、〝歴史的地雷〟を踏んだ感触があった。

「勝ち組系人物」の記事を避けるパ紙の伝統は、無意識のうちにニッケイ新聞になっても続いていた。

## 家族にもタブーだった国外追放裁判

暁星学園同窓会から岸本昂一について調べ始め、次々に興味深い事実が浮かび上がってきた。取材した卒業生は「岸本先生は永住論者、認識派だった」と口を揃えた。

ところが54年頃からパ紙で記者をしていた若松孝司さんは岸本の雑誌『曠野の星』に関し、「相当程度、影響力のあった雑誌だった。特に地方部の戦前移住者に対して。編集部内では、民族色の強い彼の主張に対して抵抗があり相手にしなかった」と記憶する。

47年4月からパ紙、その後は日伯毎日新聞の記者をしていた水野昌之さんに、編集部内での岸本の評判を聞くと「どちらかといえば勝ち組と見られていた」と思い出す。特に、パ紙編集の実務を統括していた中林敏彦デスク（後の日毎社長）が嫌っていた。ピニェイロス地区担当の八巻倍夫記者がいくら暁星学園の記事を書いても中林はテコでも掲載しなかった。

水野さんは言う。「中林さんは八巻が書いた原稿を僕の方に投げてきて、『これどう思う?』って聞くんだ。八巻と中林さんの板挟みになって辛かった」。後に日毎が創立された時に水野さんと二人で移籍した仲だ。八巻さんは暁星学園卒業生で岸本に私淑していた。水野さんは八巻さんに連れられて2度ほど岸本に会った。「教育者然としていてキザな感じがした。私は好きではないが、八巻くんは『人格者だ』と崇拝していた」と思い出す。

岸本は暁星学園から千人以上の教え子を送り出し、雑誌『曠野の星』を計23年間も刊行し、8冊の著書を世に送り出した。終戦直後の混乱期から安定期にいたる日系社会の世論に大きな影響を与えていたに違いない。

2011年4月16日、聖市南西部の自宅で岸本昂一の次男イサク（二世、当時77歳）とその妻節子さん（旧姓＝国枝、二世、プレジデンテ・ベルナルデス生まれ、72歳）を取材すると「あの頃、家族は大変でした。だから、裁判の話は家族の中であまりしたがらなかった。当時からその時のことは誰も喋りたがらなかった」と説明した。

その事件は家族にとり、深刻なトラウマになっていた。

岸本の次男イサク（二世、当時77）とその妻節子さん（2011年４月16日撮影）

誰が岸本を告発したのか知っていますか―との問いに「分かりません」と答えた。裁判の書類も何か残っていないかと尋ねたが、見事に何もなかった。
ＤＯＰＳから国外追放裁判にかけられるという事態に対し、本人は覚悟を固めていたのだろうが、家族は家長を信じて見守るしかなかった。
岸本は永住論者であり、早い段階で帰化していた。しかも6人のブラジル国籍の子供がおり、兵役に行った者もいた。そのような人物を国外追放するためには、まず岸本の帰化権を剥奪し、その上で国外追放という処分となる。その帰化権剥奪が裁判の主題だった。

現在でもブラジル生まれの子供がいれば普通、親が外国人でも強制退去はさせられない。帰化権を剥奪してまで──というのは尋常ではない。よほどの危険人物と思われたようだ。

## 温厚な教育者と危険人物の狭間

日本移民で唯一「国家の危険人物」として禁書にされた岸本の写真が、今も高々と掲げられている公的な場所がある。聖市の新潟県人会館入り口だ。

岸本は1969年2月から71年1月まで第3代会長を務めた。創立会員の原沢和夫さん（88、新潟県、元援協会長）に岸本の印象を尋ねると「温厚な方です」と即答し、「でも苦労されたようですね」と付け加えた。

「ようですね、ってことはあまり具体的な話は聞いていないのですか？」と畳みかけると、「何かの裁判でえらい苦労されたとか。具体的な話は知らないです。県人会の中でも話題になることはなかった。というか、その件に触れるのがタブーのような雰囲気がありました。みんなその件について多少なりとも知っているが、あえて触れない、そんな感じでした」との印象を語った。

「温厚な教育者」がなぜ「国家の危険人物」として国外追放裁判を起こされたのか──謎は深まるばかりだ。

岸本昂一の印象を、同県人会の南雲良治会長に聞くと、やはり「すごく温厚な教育者という感じの人だった。人格者だ」と証言した。

同県人会員で岸本の親戚にあたる青野（せいの）カチエさん（新潟県新発田市、当時84歳）＝

２０１３年３月19日取材＝は、「うちは東塚目、岸本家は隣町の西塚目で、地元では〝岸本さま〟と呼ばれる大きな農家でした。最初一人でロシアへ行ったので、お母さんがウソの電報を打って呼び戻した。岸本さんは長男だったので両親は外へ出したくない。ブラジルへの旅費も、親が一文も出さないので、奥さんの嫁入り道具を全部売って作ったぐらい」という。

国外追放裁判のことを聞くと、「裁判の話はあまり出ませんでした。カディア（監獄）に入った話もあまりしていなかった。奥さんの萩乃（はぎの）さんは、とにかくしっかりした人、面倒見がいい人で、私たちが貧乏していた時も、いろいろ心配してくれた。岸本さんは雑誌を作っている関係で、家には滅多にいなかった。年の半分近くは取材にいっていた。だから奥さんは苦労された」と思い出す。

岸本が刊行していた雑誌『曠野の星』にも度々登場したスザノ福博村の大浦文雄さんにも尋ねたが、「岸本さんは僕の家にもよく来られましたよ。車じゃなくて、いつも歩いてくるんですよ。一通り取材が終わると、『じゃあ、次に行きますので』とさっそうと移住地の泥道を歩いていくんだ。あのバイタリティには感銘を受けた。文字通り精力的に自分の足で歩いた人だった」と懐かしそうに振り返った。

「裁判のことはしらないが」と前置きし、勝ち組的なイメージだったことを付け加えた。「彼の文章はちょっと固いんだな。教育者的だった」。

## 認識派新聞からの妨害工作

書名の「戦野」という言葉にどこか物々しい印象を受ける。第2次大戦では直接の戦場にならなかったブラジルなのに、日本移民には「戦場」だと感じさせる何かがあった。もちろん岸本が信仰するキリスト教プロテスタント「救世軍」が軍隊用語を用いていた影響も強いだろう。

1948年3月3日にDOPSが来て岸本が逮捕されて国外追放裁判が始まり、50年3月に聖州中央裁判所で無罪判決、53年10月には連邦中央裁判所の第二審でも無罪判決、その後、57年12月には最高裁でも無罪を勝ち取り、冒頭の判決文までに都合10年の間も苦しんだ。

これだけを羅列すると、一見「無罪判決」続きのように見えるが、常にどこかから邪魔が入る辛い闘争だった。

『戦野』第三版には、認識派新聞との関係を示すこんな逸話が紹介されている。50年1月、日本移民へのカトリック布教の先駆者フレイ・ボニファシオ神父は、岸本国外追放裁判の弁護側証人として熱弁をふるった後、「認識運動に狂奔していた邦人新聞記者の一人」から食ってかかられた。パ紙記者だろうか。

「岸本は新教だということを神父さんはご存知ですか？」という記者に対し、神父は「あなたは、なんの必要があって、岸本さんは新教だというのです？　それは一体どういう意味ですか？　ドイツ人も、英國人も、戦時から戦後にかけて、岸本さんの書いた本よりもっと酷いことを書いて出していますが、英國人が英國人を傷付けたり、ドイツ人がドイツ人を不利に陥（おと）しいれるよう

なことをして警察に訴えた者は一人もありませんよ。日本人が、日本人を苦しめてそれでよいのですか……」（268頁）

『蕃地』472頁には、認識派邦字紙記者と、岸本側の木下弁護士との間で、次のようなやり取りがあったと書かれている。

木下弁護士が岸本の『戦野』を翻訳していると、一新聞記者が来て、《「この問題をこれ以上広げたくないものですね。このままそっとして置いたらどうだ」と云って暗に翻訳を中止させ、事件の好転を遮断しようとかかってきた》とあり、さらにどんな翻訳をしているのかを探るような質問をし、最後に再び「まああこの問題を余りいじらないで、ソーッとして置いて貰った方がいいですがね……」と念を押した。

岸本は《認識運動をしている人達が、この本をコロニアの戦時中の有りのままの記録であることを見忘れて、強硬派の右翼思想に油を注ぐものと見たのである。こんな所から認識運動の指導級の一部の人達からひどい妨害を受けていることがわかった》（『蕃地』472頁）と書く。

『戦野』を最初に問題にした書評がパ紙のポ語欄であり、このような流れがあればこそ、岸本の件を長年記事にしなかったのだろう。

## 二世公証翻訳人Yとは誰か

53年10月の国外追放裁判の第2審で無罪判決が下された後、《これで事件は完了していたものと思っていたところ、「貴下の帰化権が剥奪されることになつたから、至急異議申し立ての手続きを

暁星勤労裁縫学校の1960年度卒業生の記念写真（前列中央が岸本）

しなければならない」との知らせが弁護士からあった。これこそ全くの晴天の霹靂である。（中略）一片の予告、一言の抗弁の余地もなく、本人の全然知らない間に『帰化権剥奪』の発表にはただ唖然たらざるを得なかった次第だ》（『蕃地』473頁）という驚くべき展開が待ち受けていた。

《日本人の一部の策動によって、日系二世の一公証翻訳人が、四十余頁に亘る厖大な翻訳文をリオの司法大臣に送った。之が為に無罪の署名をするところまで漕ぎ付けたのに形勢は逆転し、「再審議の必要有り」とし、聖州裁判所の方に回送されてしまった。》

この日系二世の公証翻訳人の頭文字は「Y」だと『蛮地』476頁に書かれている。いったい誰なのか——。

《私の立場を危地に陥れたのは翻訳である。文章の中に流れている真の精神が何であるかをとらず、単に数行の句節だけを所々訳出し、しかもある箇所には、訳者が自分勝手な註釈をつけて、著者の立場を不利に落とし入れんとする文章を列ねて警察に提出したため、予想だにしなかった「国外追放」の危難が加えられた～》（『蕃地』487頁）という状態だった。

57年の最終判決文によれば、公判を通じて岸本の帰化ブラジル人としての真摯な生活態度、6人の伯国籍子弟の父親として、キリスト者としての潔癖な人格が認められ、裁判書類には《国家の治安を乱すとの訴えとは異なり、この本はサンパウロの日本移民に関する体験記述型の歴史書》と最終的に認識され、「警察による翻訳には重大な欠陥が認められる」と指摘し、「無罪判決を下す」と書かれている。

Yの意図的な翻訳によって「国家の危険」として仕立て上げられたことを、連邦裁判所が認めたといえそうだ。誰が岸本を追い詰めたか—を知る鍵がYにありそうだ。

『四十年史』（香山六郎編著、49年）によれば「日本人初の日伯両語公証翻訳人」は1923年に合格した粟津金六だ。57年3月12日付け聖州官報7頁にその時点の翻訳人名簿があった。その試験は「20年に一度」と言われる希なもの。戦後最初の試験は61年であり、57年の名簿なら岸本裁判時と同じメンバーのはずだ。

スウェーデン領事館の日本権益部担当で、DOSPで頻繁に通訳を務めていた森田芳一（よしかず）が「Y」ではないか—と指摘する声もあるが、少なくともこの時点で公証翻訳人資格はもっていない。

公証翻訳人106人中、日本語は13人だ。うち頭文字が「Y」になのは2人。「田村幸男ワルテル」と、『戦野』批判を最初に出したパ紙ポ語欄担当者の「山城ジョゼ」だけだ。とはいえ断定はできない。

## ブラジルの機密を暴露

「岸本さんは教育者的だった」と多くの人が印象を証言している通り、岸本昂一は1939（昭和14）年、日本の帝国教育会から在外日本人教育功労者表彰（1941年、『ブラジルにおける邦人発展史』下巻、204頁）を受けるほど熱心な教育者として知られていた人物だった。

その時選ばれたのは31人、安瀬盛次、上野米蔵、氏原彦馬ら錚々たるメンバーであった。

岸本は永住論者で、臣道連盟のような再移住論者が多い勝ち組とは一線を画す。ただし日本への強い祖国愛を抱き、日本民族や文化への強い誇りをもった文章を書き、「ブラジルに役に立つ人材を育成するための日本語教育」という信念を貫いてきた。

しかし、当時の負け組にはそれが気に入らなかった。アレルギーのように、その気配だけで排除する雰囲気があった。

『移民70年史』（288頁）にパ紙年鑑（1951年）からの引用として《季刊曠野の星（暁皇学園校友会）》との記述があるのを見つけた。同史で唯一、岸本関連が触れられている箇所だ。隔月刊なのに季刊にされ、校友会機関紙だったのは戦前の話なのに、戦後もそうだと認識されていた。

『70年史』のこの部分を担当したのは元パ紙編集幹部の清谷益次さんだ。出典であるパ紙年鑑を確認すると正確に書いてあったので、彼が暁〝皇〟学園と間違えて書き移したようだ。清谷さんは子供移民で独学によって見識を深めた努力型インテリであり、穏健な人物だ。だが編集幹部まで務めた役割上、先入観はあったかもしれない。

『70年史』を読んでいくうちに、最も省かれているのは「戦中の記述」ではないか―と気付いた。編纂時期は軍事政権中であり、政府批判につながる記述はご法度だった。それゆえ『戦野』が書いたような戦中の事実に触れていない。

『移民四十年史』（1949年・香山六郎編著）でも、つい数年前のことなのに戦中の話がまったくない。『80年史』は勝ち負け抗争について詳述しているが『曠野の星』には一行も触れず、戦中の出来事もわずかだ。最近出た『百年史』全5巻も戦中に関する記述は少ない……。

岸本はそんなタブーに終戦直後から挑んでいたことになる。

『ブラジル力行会四十年史』（帝国書院、1963年）には、中川権三郎が書いた一章がある。輪湖俊午郎、北原地価造らと並んで岸本のことも記され、力行会会員中では佐藤常蔵に並ぶ「ペンの人」として「双璧として重きをなす」（128頁）と高く評価した。中川は力行会の重鎮であると同時に「アリアンサ協同新聞」などの主幹を務めた言論人だ。

岸本の国外追放裁判に関しても触れ、「著作中に刑務所生活を書いた一くだりに、ブラジルの機密を暴露するものがあるとの理由から、戦後二回に渉って投獄の憂目に逢った」と見ている。

では〝ブラジルの機密を暴露〟とは何なのか。

## サントス強制立退き令の悲劇

『戦野』は戦中のどんな〝機密を暴露〟したのか――。

『戦野』の第1章1節の見出しのみを羅列すると「日伯国交断絶」「資金凍結下の苦闘」「日本語教育受難」「日本人農家五十家族立退命令」「市内の日本人、立ち退き命令」で13頁。2節「昔懐かしコンデ街」では、その歴史から立退命令まで9頁に渡って説明されている。

3節「海岸地帯の同胞四千人の立退命令」ではサントスの強制立ち退きの悲劇が8頁も抒情的に

描かれている。

サントスの強制立退きが起きたのは1943年7月8日だ。同月初旬に1万トン級のアメリカ汽船2隻と6千トン級のブラジル汽船3隻が、サントス港沖でドイツの潜水艦によって沈没させられた。これを受けてDOPSから枢軸国移民に対し、24時間以内の「サントス海岸部立退き命令」が出た。家財道具を置いて聖市の移民収容所に送られ、その世話をしたのが救済会の渡辺マルガリーダ氏だった。

《家も商品も家財道具も何も彼も一切を放棄し、羊の大群が追われてでも行くようにほんの着のみ着のままで、小さな手廻り品だけを持つ女達、子供の泣き叫ぶ声、老人のうめき声、兵隊の叱咤の声、延々長蛇のごとき堵列は追われるように鉄道線路へ!と引かれて行き、そこで貨物同様に汽車に積みこまれ、厳重に鍵をかけられて、伴れて行かれた所はサンパウロの移民収容所であった》(27頁)。

食事は1日に1回しか出ず、同胞の窮状を気に病んだマルガリーダが千人分のサンドイッチなどを差し入れした。

『ドナ・マルガリーダ・渡辺』(前山隆・御茶ノ水書房・1996年・以下『渡辺』)に次のように語られている。

《みんな家を閉めて、家財道具など全部置いて、着替えだけで来ましたから、泥棒が入って、きれいにお掃除してくれたように空っぽにしてくれてたりして……。急に産気づく人、熱を出して寝込む人、驚きのあまり流産する人、突然奇妙な行動を始める人、気の遠くなるような混乱がつづきました。ともかくこんなことが十日間つづきました。サントス方面からの立ち退きは、六千五百人あったんです。移民収容所では、入って来る人、出て行く人、みな記録を取っておりましたから、それで数えて六千五百人だったと言うのです》（245頁）

『戦野』では4千人とされているが、実際は6500人だった。当時のトリブナ・デ・サントス紙をひっくり返すと、立ち退きさせられたのは大半が日本移民で、当時、沖縄系住民が多かった。それに加えて500人程度のドイツ移民。イタリア移民は、なぜか対象から外された……。

《かくして数百人の一団は、パウリスタ延長線のマリリア市へ、他の一群はノロエステ線のリンス市へ、また他の貨物車に封じこまれた人々はソロカバナ線のパラグワスー市へと、云うふうに大きな駅々へ下車させられ、目下戦争で労力不足の耕地へ送られ労働させられた……》（『戦野』41頁）。

この悲惨な運命に押しつぶされた人たちはブラジル政府に対する恨みを終生忘れなかった。その被差別感、屈辱感が「日本が負けるはずはない」という信念に入れ代り、この地域が戦後、勝ち負け抗争の激戦地になる底流となったのか――。

## 日本移民版「出エジプト記」

岸本昂一はこのサントス強制立ち退きを《大南米におけるわれらの「出埃及（エジプト）記」》（同42頁）と譬えた。

岸本のようなキリスト者にとって、ユダヤの民がモーゼに導かれてエジプトを脱出する苦難の歴史に匹敵する大事件であった。何千年経っても忘れない様に、ユダヤ人はその出来事を「旧約聖

MAIS DE 1.500 SÚDITOS JAPONESES
REMOVIDOS, ONTEM, PARA A CAPITAL
Praticamente não há mais súditos do Japão e da Alemanha em nossa cidade —
tagem observou durante o embarque — Vendendo tudo a qualqu
APELO DO DELEGADO AUXILIAR DE POLICIA

強制退去の様子を報じる『A Tribuna』（サントス）1943年７月10日付け（AESP）

書」に刻み込んだ。

６５００人もが追い立てられて、まとまった記録すら残せなかった——。サントスから追い出された人々の一部は、当時新開地だったパウリスタ線のマリリアから先、ツッパン、ポンペイア、バストスなどにかなり入った。そこが勝ち負け抗争の中心地となっていくことに、深い因縁を感じざるを得ない。

自ら炭鉱労働する中で下層労働者の視線から日本社会を抉った記録文学の名手・上野英信さん（１９２３—87）も、興味深いことに似た発想をした。九州の炭鉱が閉山されて働き口を失い、生き残るためにブラジルなどに渡った炭鉱労働者とその家族を追い掛けたルポに、『出ニッポン記』（１９７７年刊）と名付けたからだ。

岸本は日本移民版「出エジプト記」を本に書き残して、聖書のように「後世に言い伝えなければ」と考えたが、現在から見てみると見事にその歴史的事実は正史から排除されている。

例えば『移民70史』でコンデ界隈からの強制立ち退きは4行、日系企業の資産凍結が3行、サントス立ち退きはたったの4行だ。日本移民の受難の歴史がわずか数行で済まされているのは、なぜなのか——。

『戦野』の中でサントス強制立退の次は「獄中記」になっており、56頁から《日本人ここに在り脇山大佐の投獄》になり、71頁まで描かれる。1942年1月に国交断絶後の4月、バストス移住地に住んでいた脇山甚作退役大佐はスパイ容疑で逮捕され、聖市のDOPSに送られた。

脇山大佐は取り調べ官に対し、《拘引したのが軍事探偵の嫌疑なら思う存分調べよ、もし日本の陸軍大佐なるが故であれば、陸軍大佐としての待遇をせられたい。大佐の官級は一個人脇山のものでなく、日本帝国のものである。帝国の威信のためにこれを要求するものである》と述べた。

偶然、脇山大佐と同じ部屋で取り調べを受けていた日本人が出獄したのちに、岸本に対しこう語った。《幾百十人の日本人が言語同断の過酷な取扱いを受け、言うべき言葉を封じられ、無念骨髄に徹する思いでしたが、今日図らずも脇山大佐の取り調べに対する堂々たる帝国軍人としての言論と、相手の係官を威圧してゆく沈着豪胆な態度を見まして、百日の暗雲が一時に吹き飛ばされて、キラキラと輝く太陽を見るような感じになりました》。

つまり、『戦野』が出た1947年暮れ時点で、脇山大佐を称賛している。

おもえば脇山大佐は、勝ち組強硬派から認識派に宗旨替えした「裏切り者」として1946年6月に殺された人物だ。明らかに岸本のものの見方は、勝ち組強硬派とは異なることが分かる。

## 英米領事が尋問に同席

『戦野』68頁には、驚くべき記述があった。《サンパウロの保安課ではアメリカの領事と、英国の領事が相互に出張し、彼らの諜報機関からの情報や調査を基本として、指令を与えたり、在伯、日、

DOPSとして使われていた建物

独伊人に対するブラジル警察の活動に助力を与えたりして居るので、サンパウロ市の警察下級官吏は、虎の威を被る小狐の如く、英米崇拝に心酔し、為に日独の高位高官の者をも侮辱し、露骨に反感態度を現す小吏があった》。

　戦争中のＤＯＰＳの取り調べに、米英の領事が立ち会った。つまり米英外交官が伯国警察に大きな影響力を持っていて、日本移民取り調べをしていたということは、現時点から見れば明白な内政干渉だ。１９４７年時点で、それを本で発表するなど当時の伯字紙でもないような告発だ。

　これを読んで、バストス移住地の日本移民史料館の創立者、故山中三郎さんに１９９４年にインタビューした時の、次の言葉を思い出した。

《１９４３年6月にサンパウロのＤＯＰＳにひっぱられまして半年入っていたわけです。バストスは第五列（スパイ）の巣であるからと。5、6人しかはいれないところに30人もぶち込まれた。寝る場所もない。

　お便所も戸もない。ひどいもんでしたよ。薄暗い、息も詰まるような空間だった。1号室に入れられ、何にも取り調べもない。ただ半年おいといて、もう帰れですよ。

　ただ、デレガードと一緒にアメリカの領事が私を取り調べたことがあった。「お前はブラジルが好きか、嫌いか」「なんの目的でブラジルにきたか」そんな質問しかしない。時間にして10分か、15分ぐらいのものですよ。何にも調べる材料もないんですよ。ただ尋問したという事実を作ろうとした》。

米英領事の訊問立ち合いの事実は戦時中の収監者の間では当たり前だったが、『戦野』以外で書かれていない。

『香山六郎回想録』（76年、人文研、刊行委員会）の420～421頁には数少ない戦争中の記録が残されている。

戦前に聖州新報を出していた香山自身は投獄されなかった。だが、次のような興味深い記述を残している。

《ブラタクの御大加藤好之氏も皆と同じく（獄舎内の掃除）当番の日が来れば掃除も箒をとってやっていたが、海興（註＝海外興業株式会社）の御大宮腰千葉太（元アルゼンチン公使、海興支店長）は当番日の順が来ても自分の部屋の中に偉そうに安居したなり一回も箒を握って室の掃除をやろうという風情はなかった》という興味深い描写をしている。

ここから分かることは、戦前の主だった日系組織のリーダーが戦争中に根こそぎ検挙されていたことだ。

## 「死ぬような思い」とは

1941年12月、太平洋戦争が勃発し、ブラジル政府から最初に目の敵にされたのは戦前の日系社会指導者層、つまり戦後の認識派リーダーであった。戦前に大事業をやっていた東山農場、日系商社、ブラ拓などは資産凍結、もしくは政府任命の監督官が送り込まれ、枢軸国側からの攻撃でうけた損害を移民の資産から賠償するために差し押さえられた。

南米銀行創立者の一人である『宮坂国人伝』（角田房子・新潮社・85年）にも《大西洋でブラジルの商船がドイツ海軍に攻撃されるという事件が起こった。ドイツ政府はその損害賠償の約束を実行しなかったので、ブラジル政府はこの種の戦災の続発を予測し、その損害賠償を確保するための処置として、日本を含む枢軸国系在留民の財産に包括的に担保権を設定することになった。一九四二年（昭和十七年）三月の大統領令第四一六六号に始まる一連の行政命令で、枢軸国籍者に対する銀行預金払い戻しの制限、預金及び所得の天引き没収、不動産を主とする一般資産の凍結がその内容であった。この中の預金の支払制限のため、南米銀行は事実上の臨時休業状態に陥った。

ブラジルの対日国交断絶後は、宮坂の親しい人々が、理由もなく次々に獄に引かれていった。今は敵性国人となった日本人は、それに対して抗議も出来なかった》（77頁）とある。

1942年3月に資産凍結された主だった企業・組織は次の通り。

＊東山関係＝カーザ東山、東山銀行、東山農場、東山絹織物工場、農産加工会社

＊ブラ拓関係＝ブラ拓、ブラ拓製糸工場、ブラ拓綿花、カーザ・ブラ拓

＊海興関係＝南米土地会社、アルマゼン海興、海興銀行部

＊その他の民間企業＝蜂谷商会、破魔商会、伊藤陽三商会、リオ横浜正銀、ブラスコット、東洋綿

花、小西商会、日伯拓殖会社、アマゾン拓殖会社、野村農場（『パウリスタ新聞に見る30年の歩み』77年、14頁）。

つまり、市民に食糧を供給する産業組合以外、戦前からの主だった日系企業、事業体はすべて資産凍結された。手塩にかけて育ててきたこれら事業、会社を一瞬に凍結させられた企業家たちの精神的なショックはただ事ではなかったはずだ。

『宮坂国人伝』には南銀創立者の一人の加藤好之らが42年8月20日に入獄（79頁）との記述もある。《十二月二日、加藤君出獄》とあり、この後の一年間、1943年10月までの宮坂の日記は空白になっているという（80頁）。書き記せないことが、この間に起きていたのかもしれない。

《南銀二十周年に当たって、加藤好之は「戦争のとき、とうとう手を上げなかったのですが、そのかわり死ぬような思いをさせられました」と書いている》（91頁）という意味深な記述もある。

## 戦中に拷問された戦前指導者

戦争中のことに焦点を絞った貴重な文献『戦時下の日本移民の受難』（安良田済編著、11年）には鳥取県人会会長を30年も務めた徳尾恒壽の日記が転載されている。開戦時に東山銀行の経理部主任をしていた。

《▽1942年2月26日＝聞けば多くの邦人が何かと疑いをかけられて、警察に引っ張られ、歩行も出来なくなるほど叩かれた者もあるという。憤りも同情もするけれども、大使館、領事館が閉鎖されている現在、ただ歯をくいしばって好くなる日を待つよりほかかない。（47頁）

野村忠三郎

▽同9月9日＝コンデ街、コンセレイロ街、タバチンゲーラ街在住の日本人家族は全部立ち退き命令を受けて混乱している。約四〇〇家族（一家族五人の単位として二千人）には大恐怖だ。（中略）三十年以上平和に暮らしてきた、日本移民史とも深い関係のある日本人街、忽然と消えて行くとは誰が予想しえたろうか。（52頁）

▽44年5月24日＝野村氏が引っ張られ、だいぶん厳重な取り調べを受けているらしい。氏に警察に疑われるような行為があったとは思われない。官憲も在伯同胞間にスパイなどいないことは解っているはずだ。（70頁）》。この「野村氏」は野村忠三郎のことだろう。

終戦直後、香山六郎は時局認識運動に加わるよう、野村忠三郎（戦前の日伯新聞編集長、日本語教育の中心機関だった「文教普及会」の幹事長）を説得に行った。

《二度目の訪問で忠さん（野村忠三郎）は私共の話にこう答えた。「実は僕は乗り気薄なんです。というのは先日まで僕はレデンソン（刑務所）に引っ張られて閉じ込められ、虐待されていたんです。又々認識運動などして警察に一寸来いと水ぜめに合わされるのはご免なんです」。我々のコロニアの文化普及会主事として州当局からあらぬ嫌疑をかけられた数週間の苦悩を私共に語るのだった》（『香山六郎』423頁）とある。

つまり戦中、野村忠三郎は日本語教育に邁進したせいで、数週間に渡って投獄されて警察で〝水責め〟などの虐待にあっていた。

戦後、認識派のボスになった宮腰千葉太は戦前、『日本精神講話』（1938年）を刊行している。

その目次を見ると「日本民族の由来」「天地開闢」「伊邪那岐と伊邪那美二神の不和」「天照大神、月読尊及び須佐之男命の分国」など、まさに戦後の勝ち組そのものの講演を二世相手にしていたことが分かる。

つまり、戦中までのコロニアは上から下まで大半が同じ様な「日本戦勝」を信じるものばかり。それを勝ち負けに分けるのに、戦中の体験が大きな影響を与えた。

まず戦争中に、戦前の日系社会リーダーがブラジル社会からいじめられ、ブラジル官憲からの迫害の再来を極度に恐れるようになっていた。戦中のトラウマゆえに、戦後に勝ち組の動きに過剰反応して弾圧したのか。負け組心理の奥には、そんな心の傷があったのではないか。

## 戦中に伯国政府に抗議?

『受難』の中の半田知雄日記には、こんな記述もある。《42年2月26日＝第五列の嫌疑で捕まった人たちが、（留置場において）どんな生活をしているかは、多くの同胞が知りたがっていたことであったが、九十日も独房に入れられて、娑婆へ出て来たときには、見違えるような白髪の老人になった人……》

ただ収監されるだけでなく、戦争中は「第五列」（スパイ）扱いされ、拷問を受けることも当たり前だった。

『受難』の中の半田知雄日記には、日本移民を犯罪者に仕立て上げようとする警察の手口の記述もある。

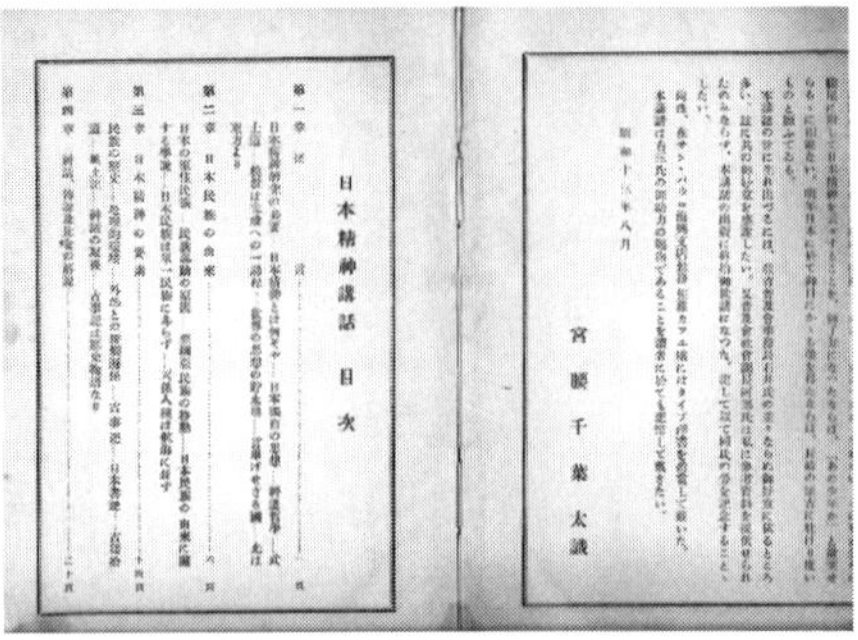

戦前に宮腰千葉太述で出された『日本精神講話』の目次

《五月二十三日、サンパウロ在住の日本人に、かなり大きなショックを与える事件が起きた。アラサッーバの奥で、一日本人がスパイの嫌疑で、警察の者から、蹴殺された事件である。犠牲者は、退役の伍長であった。もともと身に覚えがないことだったので、白状の仕様もなかった。警官から散ざん蹴飛ばされて、遂に内臓出血を起こし、瀕死の状態になった。やり損ねたことを知った警官は、この不幸な旧伍長を、日本人の店先に連れて来て、放り出したまま逃げてしまった。

（中略）

こうした、地方の下っ端警官によって、同胞が苦しめられた事件は、もし当時、記録に留めておくことができたとしたら、かなりの数に登ったことであろう》（93～96頁）

つまり、岸本昂一が書いた獄中でどう日本人が扱われたかという体験は、終戦後、みなが読みたかった内容であることは、認識派インテリの一人、半田知雄自身も感じていた。「かなりの数に登った」だろうが、記録には残されなかった。

戦中に一番痛めつけられた企業家、指導者層が、戦後ことごとく認識派として勝ち組鎮圧に回った理由には、この経験が大きく関係したはずだ。

戦前の日系社会リーダーに加え、当然のこと日本の元軍人や国粋団体関係者も捕まった。

ＤＯＰＳが押収した渡真利成一の「書類８」には、吉川順治が戦中の１９４３年に書いた「（伯国）第２軍団第２軍法会議」宛の日本語の手紙がある。渡真利は終戦直後の臣道連盟で首謀格の一人となった。

その手紙には、１９４２年12月、ＤＯＰＳが「祖国愛国赤誠団」の件で、松崎留定（とめさだ）を捕まえて取り調べをし、《その際、拷問に堪えかね通訳たる「パウルー」（註＝パウロか）の教浚（きょうしゅん）によって、赤誠団と無関係な私やパラグアス、キンターナに住む者の名前を記載せり》と書かれている。

その後、松崎は逃亡。彼が不在のまま裁判をしようとする軍法会議に対して「このままでは無実の日本人に刑罰が下される。自分達被告はどんな極刑でも甘んじて受ける覚悟はできているが、他の在伯日本人らはこの不法行為を看過できないだろう。日本との国交が回復し次第、日本に働きかけて伯国に対して厳重抗議をお願いし、場合によっては国交断絶、あるいは戦争となることもありえる」と抗議する内容になっている。

日系企業家や指導者らはトラウマを負って勝ち組を弾圧する側に回ったが、戦後に勝ち組となる人たちの中には戦中に「伯国政府に抗議」しようとする傾向があった。大きな分かれ目だ。これがポ語に翻訳されて本当に軍法会議に提出されていたのであれば、かなり刺激的な内容だ。

## 対伯批判できない邦字紙

戦争中の経験は移民史上に残されず、心の奥底にうずき続けた。

サンパウロ新聞創立に関わり、文協事務局長、県連会長も務め、コロニアの裏面をよく知っていた藤井卓治は「日本語新聞最大の欠陥は、ブラジルの政治批判が許されないことにある。三浦日伯は日本の出先官憲批判で、時報と対立となりブラジル政治批判のワナにひっかけられて2度も国外追放の憂き目をみた」（県連『笠戸丸から60年』69年、51頁）と書いた。

「三浦日伯」とは、戦前に3回もヴァルガス大統領から国外追放令を出された日伯新聞社主の三浦鑿のことで、〝筆禍事件〟と呼ばれる。

戦前の三浦鑿の国外追放はもちろん、ヴァルガス新国家体制による外国語メディアへの規制強化と強制廃刊の苦い経験は忘れられるものではなかった。戦後も軍事政権によって外国語ラジオ放送禁止になった。ブラジル政府批判が御法度であったことはコロニアのメディア界全体に暗い影を落としている。

パ紙編集長や『70年史』編纂委員長を務めた斉藤広志も1968年時点で、「この国の政局や政策を論じることは、いちめんデリケートな問題があるから、邦字紙の立場は『傍観者』という域から脱することはむずかしい。筆禍事件の前例もあることである」（ラジオ・サントアマーロ年報『放送』31頁）と邦字紙の態度を説明した。

また戦前のコロニア新聞人、輪湖俊午郎は「何を書かざるべきか」を常々語っていた。多くの文章を書いてきた輪湖だが、戦争中自らが1年間収監されていた体験はほぼ書いていない。「書かざるべきこと」と判断していた可能性が高い。サ紙の内山勝男元編集長も戦中に収監されていたと『戦野』に出ているが、本人は書いていない。「書くべきでない」と当時の言論人が共通して思っていた何かが「戦争体験」にあった。

神田大民ニッケイ新聞デスク（元日伯毎日新聞編集長）は戦後60～70年代の編集部内の空気を、こう表現した。

「戦後の邦字新聞にとって、非難する対象はブラジル政府ではなかった。（中略）遠慮というよりは自制に近い。たとえば、軍政のころ、反政府運動者側に立った記事などは、書かなかったということである。当国政府を批判しないという気持の深層には、やはり過去国の権力の執行を受けているということがある。それはいかんともし難いという意識である。日本移民史上、何度か表に出た移民（有色人種移民とも括られていたが）導入制限の動き、戦時枢軸国側に立ったことによる日本語使用禁止、新聞発行禁止、資産凍結などである。日本人移民にとってはすべて苦汁であった。資産凍結解除運動もそうだが、ロビー活動のような運動を通じて、当国政府に解除を求めた歴史もある。（中略）例えば外圧が加わったりすれば、そんなものはひっくり返る、新聞の発行停止などは待ったなしでくる、と日系社会の有識の人たち、新聞社の先輩たちは肌で知っていたように思う」（神田大民、私の「邦字新聞の45年」、本紙08年7月5日付け）。

通常「表現の自由」と言った場合は内容の問題だが、日系社会においては「日本語」という言語自体が問題にされ、内容はさらにデリケートだった。

## 「湖で潜水艦建造」容疑

戦中に強いトラウマを抱いていたのは、必ずしも戦前の日系社会指導者層だけではない。たとえばエリート二世層の代表の一人、翁長英雄だ。

彼は臣道連盟の記事を次々と書いて注目されていた。臣連関係に限らず、緻密な取材に裏付けられた記事を発表し、時には警察官の悪事を暴き、「刑務所からでたらまず貴様を殺す」と予告されたこともあった。

ルポの名手で、最終的にはガゼッタ・メルカンチル編集長になった。5人の兄弟のうち4人、英雄の弟のルイ、ロメウ、カオルもジャーナリストの道を歩み、唯一の妹アヤは山城ジョゼに嫁いだ。まさにジャーナリストの家系だ。

2002年7月24日に取材したテープを訊き返すと、山城は戦争中にDOPSに収監された体験を話していた。

《(翁長英雄は) ルスのDOPSへ連れていかれ、ポロン (地下室) に入れられた。僕も一回、引っ張られたことありますよ。当時、サンパウロ学生連盟ってあったでしょ。その仲間同士で結婚する人がいたのでピクニックにいった。そしたら、突然警察の黒い車が来て、政治警察に連れていかれました。まだUSPの学生でした。なんの説明もなく捕まって何の説明もなく釈放されました。全部で7、8人ですかね》

戦前戦中の黄禍論について公安警察の資料を綿密に当って書かれたタケウチ・ユミ・マルシア著

『O Perigo Amarelo』（ウマイタ出版・08年）にその〝事件〟の詳細があった。42年12月6日にサントアンドレー市のエルドラド湖に仲間の結婚祝いのピクニックに向かった時だった。

翁長英雄はタケウチに《警察は、我々が湖で潜水艦を建造するつもりでいるという密告情報を持っていた。まったく信じられない》（161頁）と証言した。「湖で潜水艦を建造」などという話は、単なるでっち上げの言いがかりだ。同12月15日に釈放されたのは、〝事件〟を知ったUSP法学部の学生仲間や教師らが抗議をしたからだという（162頁）。USP法学部といえば、大統領を数人輩出するエリート校だ。

〝事件〟の直前、42年9月28日付で山城ジョゼとその仲間が連名で、ヴァルガス大統領に「伯人として祖国に忠誠を誓う」という手紙まで送っていた。日系初のUSP法学部卒で最初の弁護士・下元健郎カシオと共に、山城は1932年の護憲革命にも義勇軍として参加した。山城の父が強い国粋志向を持っていたことを反面教師として、強いブラジル人意識を持っていたと言われる。USP法学部や医学部の二世エリートが、当の伯国官憲から「お前らもただの日本人だ」と鼻柱をくじかれたに等しい。

DOPSが潜水艦容疑を思いついたのは、前月18日にはベレン沖でブラジル商船がドイツ潜水艦に撃沈され、22日にブラジルは独伊に宣戦布告をしていたことも影響しているだろう。9月2日には聖市のコンデ街日本人住民に対して二度目の立ち退き令が出されていた。

当時の官憲からすれば、日本人の顔をしているだけで一世も二世も同じであり、何かにつけて引っ張ってブタ箱にブチ込むべき存在だった。一世は仮想敵国〝戦野〟に住んでいる気持ちがあったが、〝祖国〟にいる二世にとってショックだった。

義勇軍で戦って、大統領に直訴状を送り、USP学生にも関わらず、「ブラジル人」扱いされない自分たちという存在に対して、山城は戦争中に考え込んだのではないか。その経験の後、DOPSの通訳・翻訳を始めたのかもしれない。

## エリート二世の心の傷

移民の子供としてブラジルに生まれ、複数の大統領すら輩出するUSP法学部、難関の医学部に苦労して入学して得た「USP学生」というエリートの肩書はなんだったのか——。ただでさえデリケートな思春期、誇り高い彼らは〝事件〟の体験に打ちのめされたに違いない。

そんな忸怩たる思いで、1週間の獄中生活を送った。その時間が彼らに「ブラジルの怖さ」を植え付け、それ以前に増して政権寄り、DOPS寄りの立場に立ち、結果的に、戦争中の日本人迫害を民族の屈辱の歴史として記録に残そうとした「勝ち組」を弾圧する先兵になった可能性がある。

岸本国外追放裁判の件は、山城の自叙伝『Trajetória de Duas Vidas』（96年・アリアンサ）にはいっさい触れられていないが、DOPSのジェラルド・カルドーゾ・デ・メーロ警部に頻繁に呼ばれて通訳や翻訳をしていた事（163頁）は書かれている。

勝ち組、負け組という対立軸で考えると真相が見えてこない。勝ち負けというのは表面上の問題であって、実際の対立の根源は「同化主義」対「民族主義」という感情的なものではないか。

民族主義の最たるものが勝ち組の強硬派。それに対する同化主義の急先鋒は認識派のリーダー（一世）ではなく、USP卒の二世インテリではなかったか。

翁長秀雄や山城ジョゼ、2次大戦でブラジル遠征軍に志願した医者の氏原マサキら、戦前の「サンパウロ学生連盟」の流れをくむ者たちだ。二世であるがゆえに、よりブラジル社会からの差別をデリケートに感じ、「二世など存在しない。自分たちはただのブラジレイロだ」と主張し、民族派をことごとく攻撃した。

そんな翁長と山城2人が中心になってパ紙のポ語面が始まった。その流れからポ語頁で岸本の本を告発し、DOPSに訴える流れが生まれたとしても不思議はない。当時としては日本語紙面よりもさらに過激な主張が盛り込まれていた。

1980年にNHKブックスから刊行された『日本人の海外不適応』（稲村博著、以下『不適応』）によれば、米国の二世には日本人であることを拒否し、現地人そのものになりきろうとする傾向があり、ブラジルでは一世にならって日本人的であろうとする（『不適応』114頁）と分析している。

前者の北米型二世に関し《二世たちは一般に没個性的である。主張や信念は口にせず、表面的には非常に柔和で愛想がよい。しかし心の内部は非常に複雑（中略）》という。《彼らのこうした心理的屈折には、移民二世という宿命以上に歴史の重圧が運命的にかかわっているように思う。それは第二次大戦であり、日本と敵対する側に身をおかねばならなかったという現実である。その中で、彼らは屈折するしか生き残る道がなかったのだし、またそれは実に懸命な選択であったものといえ

よう》（『不適応』115頁）
岸本の著書を「民族派の言論」としてDOPSに告発したエリート二世の心理は、まさにその屈折ゆえだろう。

## 元親日派伯人ゆえの岸本攻撃

DOPS調書には『戦野』の翻訳をした「マリオ・ボテーリョ・デ・ミランダ」が書いた翻訳者所感が書かれた報告書（48年4月22日付）も挟み込まれている。

いわく《この本には疑う余地もなく、主に戦争中において祖国（日本）から孤立してここで苦しむ日本人への圧迫、ブラジルでの残酷さへの警告に加え、批判的な意見や表現が見られる》とし、まえがき部分で戦中に収監された折りの監獄での生活や他の拘置者について、警察に隠れてこの本を書いたとある点を強く問題視している。

また《この著者は民族運動や日本人とブラジル人間の隔離化を進める意図がある》と見ており、通訳注として《この本はブラジルに住む日本人にとって、帝国主義の方向に向けて反戦争（編註＝「枢軸国寄りの立場」という意味か）の日本式ナショナリズムを高揚させる強迫観念を形成する》危険性まで指摘する。

岸本は日系二世の公証翻訳人「Y」が『戦野』を意図的にゆがめて翻訳したと思っていたが、マリオ・ミランダの存在もDOPSに影響を与えていた可能性がある。

マリオ・ミランダに関して調べてみると、勝ち組から見た抗争を記した手記『思想戦回顧録』

（1946年・多田幸一）に次の一節があった。

《在監者の取り調べは実に常軌を逸したものであり、彼ら自らが己が国家に泥を塗るが如き行為を敢えてして憚る処がなかったのである。先づ第一手段として戦争に勝った？　負けたか？　を以て罪に陥れ様としたものであった。

この訊問に応えて直ちに負けたと云えば署名を取って釈放し、勝って居ると云う者に対しては暴行殴打を加え罵詈雑言を浴びせ剰さえ、恐れ多くも御真影強制傷害不敬事件を敢えて行わしむるに至った。

この発起人は通訳マリオ・ミランダと課長のゼラルド及び部下のロンドン刑事であった。マリオ・ミランダは戦前2年に亘りて日本に留学して帰朝した者で戦前に於いては大いなる親日家として一般に知られていたのである》

マリオ・ミランダは勝ち組の「敵」だと認識され、御真影を踏ませて敗戦を認めさせる「踏絵」の考案者の一人と、多田は書いている。

マリオ・ミランダが「戦前に於いては大いなる親日家」だった事実を調べると、確かに日伯交流史において異色の人物だと分かった。戦前には「日伯交流の旗手」だったのに、戦中から一転して摘発側に回ったのだ。

『ブラジルに於ける邦人発展史』（上、1941年・東京・同刊行委員会）の第3節「日伯親善運動」項によれば、マリオ・ミランダは「サンパウロ日伯文化研究会会長」「ブラジル柔剣道連盟会長」「サンパウロ貿易斡旋所顧問弁護士」の3肩書をもって1940年に、USP法科・医科学生ら20

人からなる「日本文化見学団」の団長として訪日した。山城ジョゼも一員だった。

38年暮れから当時ごく珍しい日伯両語の月刊雑誌『文化』（Revista Cultural Literaria、遠藤書店）が刊行され、その編集責任者にマリオ・ミランダ名がある。編集の中心は安藤全八、当時学生だった平田進も理事だ。

38年12月25日には全伯の日本語学校が閉鎖された。そんな強圧的な逆風の12月に、永住志向の一世インテリが集まって作ったのが両語雑誌の『文化』だった。戦前は十分、親日派といえる伯人だった。

## ブラジルを裏切ったユダ

《キシモトはユダの微笑を顔に浮かべながら、手にはブルータスの短刀を隠し、彼の息子たちを温かく迎えて彼自身も帰化した祖国（編註＝ブラジル）を裏切った》。ミランダ報告書を受けて、DOPSのロッシャ警部補は48年4月29日付の報告書で、そう憎しみを込めた書き方をした。

ユダはキリストを裏切ったとされる弟子、「ブルータス、お前もか」はローマ末期の独裁官ユリウス・カエサルが議場で刺殺された時、腹心だったのに裏切った元老院議員に向かって叫んだ言葉だ。

戦争直前の排日機運が高まる中で、親日的な印象が強かった分、ミランダは周りの伯人、中でもDOPSから「敵に味方している裏切り者」のように言われ、扱われるというトラウマを抱いたのではないか。

ロッシャ警部補は岸本を「ユダ」や「ブルータス」に譬えている雰囲気そのままに、ミランダや山城を責め、ブラジル人としてトラウマを負わせたのかもしれない。

それに対し、山城やミランダは「親日だった過去」を過剰に否定してみせることで、周りに対してバランスを保とうとした。DOPSに協力して過剰な日本人蔑視、敵視をしてみせることで、ブラジル人としての自分のアイデンティティを保とうとしたのではないか。

翁長らエリート二世も過剰なほど「ブラジル人性」を主張したが、生粋のブラジル人であるミランダにとっても、そうせざるを得ない社会的な環境があったに違いない。

一世が抱く日本向きナショナリズムがブラジル向きのそれとぶつかった最前線は、同化思想を持つ一世というより、現地生まれの二世エリートや親日ブラジル人だったのかもしれない。

戦争中、DOPSは枢軸国移民を弾圧したが、ヴァルガス大統領は1945年10月に自らの閣僚だったドゥトラ元陸軍大臣に政権の座を追われ、独裁政権は終わった。同年12月の選挙で民主的にドゥトラが大統領に選ばれ、体制が一新したかに見えた。しかし、なぜ翌年46年に勃発した勝ち負け抗争時まで、日本移民迫害の気運が続いたのか。

調べてみると、ドゥトラが民主的に選挙で就任したといっても、まだ完全な民主主義になった訳ではなかった。彼は基本的にヴァルガス派であり、基本的に政権はそのまま温存された。事実上、続きの部分が大きく、その中で勝ち負け抗争が起きていた。

つまり、24時間以内のサントス強制立ち退き令を出し、コンデ街の強制立ち退き令を出した

ＤＯＰＳのメンバーがそのまま残ったなかで、自分たちの戦中の行為を真正面から告発する本を刊行した岸本を、そのままにしておけるはずはなかった。

## 岸本は勝ち組か負け組か

暁星学園の卒業生は「岸本は負け組だった」と言い、パ紙ＯＢは「勝ち組だった」と評価が平行線だった疑問を、以前に書いた。この点に関し、『戦野』を読むかぎり〝勝ち組的〟としか言いようがない。いわば「心情的勝ち組」だ。

認識派が触れたくない伯国官憲の弾圧を果敢に書く一方で、「日本は負けていない」という戦勝論者と同じ思想的土俵でものを考えている。

『戦野』第三版の１９１頁から「永住か、再移住かの座談会」が掲載されている。そこには岸本をはじめとする「永住論者」４人、「再移住論者」３人、「不明」３人が激論を交わしている。

ここで興味深いのは「永住論者」の言い分は限りなく負け組に近く、「再移住論者」はシンプルに勝ち組的であることだ。例えば、再移住論者の藤野純三は《私は枢軸、いや、日本が必ず勝つ！という信念的な観方からいうのですがね、現在日本が支配している南方の新版図には、非常に人的資源の不足を訴えています。われわれがブラジルへ来た当時は実際のところ、世界に行き場がなかったからブラジルに来たのですが、今は日の丸の旗の下に無限の天地が開けてきたのですから日本の国策の線に沿って新領土へ再移住すべきです。我々は一旦、東亜に結集し、即ちアジア人は一応、アジアに帰って、しかして後再出発し、膨張するのが真の進み方でしょうね》と語っている。

これに対し、岸本は《われわれ在住者の中からも、ある少数の技術者達が南方の国策に参画するのはよいでしょう。けれども十年、二十年、三十年とこの地に踏み止まって、地盤を固めて来た大多数の移植民者はこの地において、日本の世界的政策の大理想を具現する貴重なる一石として重要使命を担っているのですから、民族的使命を自覚して、この未来の大宝庫に足場を固めて行くことが真の国策でしょうね》としっかりと噛み合った応じ方をしている。

加えて、藤野純三は《この戦争が枢軸側の勝利になった結果は、地理的に見ても独伊はこの国に強力な足場を作るでしょう。そして数十年後には東西の両雄、日、独が戦争するようになるのは必然です》（204頁）との分析を披露している。

つまり藤野は第2次大戦で日独が勝ったことを前提にした推測を述べている。ここだけを読めば、当時の代表的な勝ち組雑誌『輝号』に似た内容だ。「臣道連盟」も基本は再移住論であり、55年まで続いた「桜組挺身隊」に至るまでの勝ち組系の一つ系譜といえる。

岸本は日本の敗戦を認識しているが、それを相手に押し付けず、かといって「日本は勝っている」とは決して言わないところに特徴がある。「民族主義的」な共通点で相手と共感しながら「永住論」を展開する中で、お互いの妥協点を探る実にデリケートな物言いを展開している。

認識派からすれば、このような座談会が掲載されること自体「危険」な内容だ。初版が出た47年9月時点では藤野のような「再移住論」を振り回していたものは沢山おり、彼らを「永住論」の方向へ軟着陸させる方向付けをしようとした座談会といえる。

初版は556頁もあり、第三版（62年2月）は350頁と200頁も少ないが、この座談会はそここにも収録された。つまり、その当時でもこの内容を必要とする人が相当数いると岸本は考えたのだろう。

## 78%が帰国できなかった現実

前節の藤野純三のような戦勝派が「日本は負けるはずがない」との信念で固まっていたのは、戦前移民の大半は「5年、10年したら金を貯めて日本に帰る」つもりでいたことに関係する。

1939年に刊行された現勢調査報告書『バウルー管内の邦人』（輪湖俊午郎編）の巻頭で、在留邦人の実に85%が「帰国」する意向だと答えた。この人たちの多くが、戦後「勝ち組」になり、その中でも熱心な人ほど「再移住論」を支持したと推測される。

戦前、米国の圧力で伯国政府はマスコミを挙げて反日キャンペーンを行い、その強い圧迫感の中から「海南島再移住論」が生まれていた。

39年4月29日付『聖州新報』で香山六郎は、早々と「国際変化から観て吾々不同化分子は亜細亜（あじあ）へ帰ろう」との一文を掲載した。「在伯日本人の不同化分子よ、伯国を去ろう。それは日本人の不同化分子を幸福にすることであり、御厄介になる伯国人に不安と嫌忌の念を消滅させることになる」と呼びかけた。

その2年後の41年1月に日本語新聞禁止令が発布されたのを受け、7月末に同紙は「アジア人はアジアへ帰ろう！」との告別の辞を掲げて廃刊、翌8月には全邦字紙が停刊となった。

最後の言葉が「アジアへ帰ろう」であり、それが唯一の「希望への道筋」として暗い戦中に同胞社会の心の奥深くに刻まれ、戦後に爆発した。

戦争中、移民にとって唯一の日本語情報源となった短波放送「東京ラジオ」が伝えたのは、大本営発表だった。盲目的にその報道を信じ、目の前にあっても読めないポ語紙の情報は無視された。「大戦勃発によって日本語の刊行物が消滅したことは、以後移民たちの大多数を完全に世界から隔離したに等しく、この間、耳に入ってくるのは密かに伝えられる大本営発表の戦果であり、ブラジルの新聞の報じる連合国有利のニュースは、すべて敵側が放つデマ宣伝だとする習慣が作り上げられていた」（『70年史』89頁）。

『移民80年史』に興味深い数字が掲載されている。１８１９年から１９３３年末までにブラジル入国した外国移民は４６２万３７８９人もいるが、うち53％は別の国に再移住、もしくは帰国したというのだ。イタリア移民で定着したのはわずか12・82％で〝渡り鳥移民〟と呼ばれた。ドイツ移民は24・49％、同じ言葉のポルトガル移民ですら41・99％しか定着しなかった。

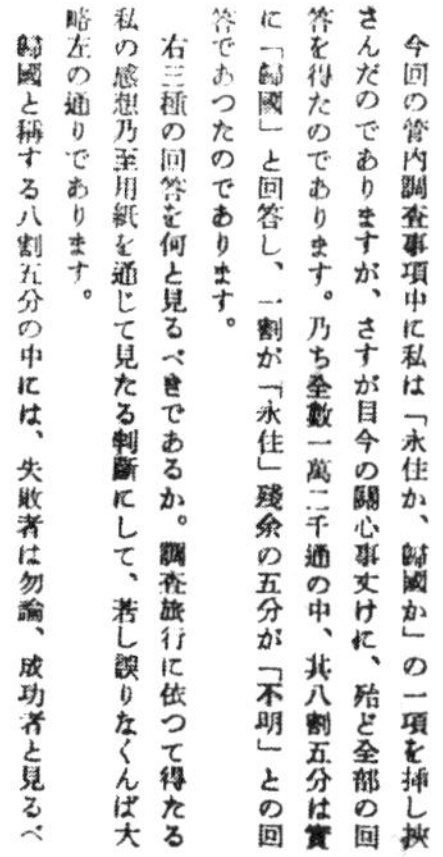
今回の管内調査事項中に私は「永住か、歸國か」の一項を挿し挾さんだのでありますが、さすが目今の關心事丈けに、殆ど全部の回答を得たのであります。乃ち全數一萬二千通の中、其八割五分は實に「歸國」と回答し、一割が「永住」殘余の五分が「不明」との回答であつたのであります。

右三種の回答を何と見るべきであるか。調査旅行に依つて得たる私の感想乃至用紙を通じて見たる判斷にして、若し誤りなくんば大略左の通りであります。

歸國と稱する八割五分の中には、失敗者は勿論、成功者と見るべ

『バウルー管内の邦人』１頁目。戦前の調査では八割五分が「帰国希望」と回答した

ところが日本移民は93・21％が残った。欧州移民と違って移住慣れしておらず、踏ん切りをつけるタイミングが分からず、選択肢もなかった。米国が日本移民を禁止して以降は転住先もない。かといって日本に帰る金は貯まらない、気が付いたら5年、

10年と経ち、戦争が始まって帰れなくなっていた。

20万人のうち85％が帰国したかったのに、帰れたのはわずか7％。つまり78％は敗戦で帰れなくなった。帰国を熱望しながら帰れない――この厳しい現実が引き起こした集団心理はなんだったのか。

現在の視点から見るなら何らかの「精神疾患」発生が疑われる環境ではないか。現代の社会心理学や医学の目からみても、勝ち負け抗争は大きな研究材料になる。

## 日本移民が抱く故郷喪失感

「帰りたくても帰れない」――これを故郷喪失と言わずして何というのか。「ディアスポラ」（離散した者、故国喪失者）という言葉は、日本人には身近ではないが、「生まれた場所を追われて離散し、祖国喪失感を刻まれた民族」を示す。

一般的にはユダヤ人やパレスチナ人、アルメニア人、時にアフリカから新大陸に連れて来られた黒人、中国から出て行った苦力とよばれる下層労働者を指す。

『ディアスポラ紀行』（徐京植・岩波新書・05年）の著者は在日朝鮮人で、自らを日本に連れて来られた「異邦人」と認識し「コレアン・ディアスポラ」と書く。でも日本人そのものにもその種の人々がいたことにまったく触れていない。戦前の日本移民は「ジャパニーズ・ディアスポラ」そのものだ。

日本で「郷愁」という言葉は〝ほろ苦い〟程度のニュアンスで語られることが多いが、ディアスポラの民にとって、郷愁は「精神病」そのものだ。この冷酷な事実が認識できないと、移民の心情は理解できない。

『ノスタルジアの社会学』（F・デーヴィス・1990年・世界思想社）によれば、ノスタルジアという言葉は17世紀後半にスイスの医師によって考案された言葉で、「家に帰る」「苦しんでいる状態」を意味するギリシア語が起源。《故郷へ帰りたいと切なく恋い焦がれるという意味を持つ》（4頁）。故郷スイスから遠く離れた欧州の専制君主の軍隊に出稼ぎしていたスイス人傭兵に良く見られた症状だった。

《この病気にかかった者たちの「症状」とは、失意、抑うつ状態、情緒不安定で、なかには激しく泣き出したり、食欲不振、全身的な「消耗」、ときには自殺未遂のものも含まれていた》

ブラジルで最初に自殺した日本人も「郷愁の病」に犯された末だった。1870（明治3）年、イギリス海軍に派遣されていた日本海軍練習生の前田十郎左衛門は遠洋航海中、バイーア湾に停泊中の旗艦リバプール内で払暁、割腹自殺を遂げた。当時の地元紙には《その唯一の原因とも認むべきは、同士官が永く其の故国乃家人と離れて望郷の念に堪へざりし為なるべく、既に以前より憂鬱症に罹り居りたる結果であろう》（『ブラジル人国記』野田良治・1926年・博文館・326頁より転載）とはっきり書かれている。

「イギリス士官と口論になり、侮辱されたのを憤慨して切腹した」との憤死説もあり、定かではない。でも、たった3年の留学で、勇猛な薩摩武士ですら割腹自殺する可能性が論じられるほどの病が郷愁だ。

まして「5年、10年で帰るはず」のつもりで来た一般大衆である移民が、何の心の変調も起こさない方がおかしい。

高木俊郎著『狂信』(朝日新聞・1970年)のタイトルにある通り、勝ち負け抗争を扱った記事には「日本が勝ったと信じた狂信者」というニュアンスが多い。だが、実際に勝ち組関係者への取材を深めるにつれ、その言葉に強い違和感を持つようになった。

## 不適応という心の傷

1980年にNHKブックスから刊行された『日本人の海外不適応』(稲村博著、以下『不適応』)という興味深い本がある。

《著者は過去十数年の間に、世界の各地を訪れる機会を持ったが、どこへ行っても不適応現象に苦しむ邦人に出会わざるを得なかった。(中略)不適応現象に陥っている人のいかに多いかに驚かされた》(3頁)とある。80年頃にようやくこの程度の認識が専門家の間に生まれた。ならば戦前、海外での精神障害症候群への理解、社会心理学的な視線は皆無であった。

この現象が《医学や心理学的な治療対象であることもはっきりした。ところが、本人にも周りにもあまりに知識が不足していて、無為無策のうちにいたずらに事態を悪化させているのである。その結果、しばしば国際紛争にもなりかねぬ危険性すら内包している》(同)。平時の日本人でさえ海外で大量に不適応になるなら、戦争中に連合国側にいた日本移民の多くは不適応現象を起こしていたに違いない。

海外における不適応現象が病気にまでなった時、どんな精神障害を生じるのか。《これ（精神障害）はどの国でも想像以上に多くみられる。診断名としては躁うつ病、精神分裂病、神経症などがある。そのうち神経症としては、不安神経症、心気症、恐怖症などがあげられる》（19頁）。その結果、自殺や殺人事件などの犯罪にも繋がる傾向がある。

NHK『遠い祖国』（2014年8月放送）の中で、臣道連盟の幹部だった渡真利成一の次男澄男が、父のことをこう回想している。

「父はいつも日本から迎えの船が来て『ブラジルから日本人全員を連れて帰ってくれる』と言っていました。現実は全く違っていましたけどね。両親の夢は日本に帰ることだったんです」「そして最後には『空飛ぶ円盤にのって、宇宙人が迎えに来る』なんていって、頭がおかしくなっていた。かわいそうですよね。父は生まれ故郷の宮古島の美しい海岸を夢見ていました。でもその夢は実現しませんでした」と語っている。

勝ち組の悲願は常に「日本帰国」だった。その最後が55年に桜組挺身隊が起こした帰国請願デモ行動だ。「日本移民10万人の総引揚げ」を要求し、サンパウロ市の中心にある

パウリスタ新聞

の差でござる

『精神分裂症』の兆候!?

信念を説く吉谷隊長

主観的幸福求む

安易な生活に終止符

最後の勝ち組の活動となった桜組挺身隊を報道するパ紙。「精神分裂症」の文字も

セー広場を何度もデモ行進してブラジル社会から奇異な目で見られた。渡真利はその指導者のひとりでもある。彼は20年以上にわたり帰国運動をしたが、１９８４年に当地で亡くなった。桜組挺身隊事件の主張「総引揚嘆願書」の論理を理解するのすら困難だ。

《我々桜組挺身隊は不肖僭越を顧みず、三年間に亘って、在伯四十万同胞のみならず海外在留七十万同胞の総引揚と本国帰還を伯国政府と国際連合とそして日本政府に訴えて参りました。（中略）この我らの十数年来の宿望は民族的血をすべて駆りたて燃上らせてあえて今日の挙を起こしました。それは単なる我らの主張に非ずして自己改造に基ずく伯国と世界の全面的解放と根本的革新を決行して、全人類がその心情と知性を高めて協力協働する真正平和世界の基礎を確立する国際連合の精神と目的とをもつものとして奮起し闘い来ったものであります》

たとえばイタリア移民であれば〝渡り鳥移民〟として渡航先を変え、帰国したであろう状況でも、移住慣れしていない日本人の場合は留まった。というか、留まらざるを得なかった。その結果、多くの不適応者が生まれたはずだ。

## 社会不適応という圧力鍋

戦後移住開始は１９５３年。日本から渡伯する分には渡航費補助が支給されて5万人がブラジルに送り込まれたが、戦前からの環境不適応者数百人を「邦人保護」の観点から送り返す発想はなかった。戦後移住開始直後に「邦人擁護」目的で不適応者を祖国に帰してやれば、前述の桜組挺身隊事件も起きなかっただろう。

総領事館に要求を拒否され、誰にも頼る事ができない彼らは、時間をかけて自問しながら自分で治す以外になかった。

まさにその時期の『曠野の星』55年6月号の巻頭言で岸本は、桜組挺身隊には一言も触れずに「ブラジルを愛せ」と説いた。《我らは世界の何処に行っても、自分の立つ世界を愛さなくてはいけない。荒れ果てた土地にバラの花を咲かせ、砂漠に清水を湧かせるには、愛郷の精神から出発するものであるのだ。この愛郷精神は、その国土の民と新しき歴史をつくってゆく心、根強い建国精神から出発しなくてはならない》と書いている。

さらに巻頭特集として新任した磯野勇三サンパウロ総領事との対談を掲載。桜組には触れずに、現在の国際情勢や日本の状況などを語らせ、結果的に日本が戦後復興の真っ最中にあることを分からせる手法だ。

そんな時、認識派邦字紙は「桜組示威＝気負い立つ右翼の実態＝幟手に聖市の中心でまた狂態！＝神も戸惑い給う」（日毎55年2月5日付）とし、「勝ち組＝右翼」「頭がおかしい奴ら」と闇雲に批判するだけだった。

『曠野の星』には勝ち組の気持ちを察し、彼らを仲間として受け入れ、相手が聞く耳を持つような表現で記事を書く方針が徹底されていた。

どうして日本人はこのような不適応がおきやすいのか――。社会人類学者の中根千枝は『適応の条件』（講談社現代新書・72年、以下『適応』）の中で、日本文化は島国という環境に強く制約を受けて誕生した経緯から《ひどく国際性がない》と考察している。

日本文化は《外に出るとどうしてもひよわなのである。そのため、いっそう内向的となり、日本文化の断片にしがみつこうとすることになる。自分たちのためにも日本のやり方に自信を持つ以外になくなるので、それは何より良い方法だということになり（中略）現地社会から浮き上がった島のような日本人コミュニティが形成される。そこでは現地の人々の悪口を言い合って気晴らしをするとか、日本人だけに通用する情報が交換される》（『適応』18頁）。コロニアの形成過程にはこのような部分もあったに違いない。

帰るはずだったのに帰れなくなった十数万人の「不同化分子」は、《日本文化の断片にしがみつく》以外に自分を支える術がなかった。戦前から「アジアへ帰ろう」と新聞の社説で論じられる雰囲気の中で、辛い戦中を送らざるをえず、その不適応な精神状態が、日本的なやり方を頑なに守り通す「勝ち組」的なあり方に結晶した。

## 「圧力鍋」が爆発した理由

『不適応』は、海外不適応の舞台がブラジルのような《発展途上国では、一般に万事が激烈であり、また直接的な形をとりやすい。まず、在留邦人の呈する不適応現象の表れ方は、どちらかというと急激で強烈なものとなりやすい》（44頁）と指摘する。敵性国人として扱われ弾圧を受けた戦中は、まさにその条件に当てはまる。

中根は、海外における日本人集団が持つ特徴は「独特のスケープゴート（いけにえ・非難の対象）づくり」（『不適応』155頁）だとし、《海外の日本人たちは、驚くほど共通して、自分らのグループ以外の日本人ないし日本人集団に対して強い近親憎悪的な気持ちを抱き、それをスケープゴートにしている》（『不適応』158頁）と分析する。

迫害したのがブラジル政府だったのに関わらず、勝ち負け抗争の大半の事件が日本人同士で起きた理由は、その辺りにあるのかもしれない。

なぜ日本人同士で攻撃し合うかと言えば《あくまで身内であり、身内の親しさや気を許し合う心があるからこそ、安心して攻撃を向け、また近親憎悪も生ずるのである。その意味では、海外に出ても、また海外で何年経っても、日本人はあくまで日本人でいるのである》（『不適応』160頁）

岸本が認識派からスケープゴートにされたのも、戦前から日本語教育分野で目立った存在だったからだろう。

《その対象はきわめて慎重にかつ巧妙に選ばれ、そのために弊害がでないようよく配慮されている。（中略）それは日本人であり、しかも自分らと直接の利害があってはならない。たとえ日本人でも、利害が直接にある場合は、あとで問題が生じてしまうし、いわんや現地の人を対象にすれば大変なことになる》（『不適応』158頁）

勝ち負け抗争で伯人は基本的に狙われなかった。地方の強硬派の若者が出聖して、戦前からの指導者を狙った。農村に住む強硬派にとって、都会の認識派リーダーは直接に関係のない人物であり、スケープゴートにはちょうど良かったのかもしれない。

中根は《なぜ日本人はこのようなスケープゴートをつくるのであろうか》をこう分析する。

《理由は簡単である。海外の日本人は、これをつくってたえず攻撃していないと精神の安定が保てないからである。その証拠に、ストレスの多い、過酷な条件下におかれている日本人ほどその程度が著しい。必死になってその対象にくらいつき、スケープゴートに仕立てて執拗に攻撃しつづける。それによって、辛うじて自分の安定を保持しているのである。それぞれが病的なほどスケープゴートにこだわり、執拗にもて遊んでいるわけで、その程度は適応力のない人ほど著しくみられる》（『不適応』159頁）

ヴァルガス独裁政権の同化政策、米国による反日キャンペーン、人種差別、サントス強制立退きなどの過酷なストレス下で数年間を過ごした日本移民の中から、帰国熱が高じて現実逃避傾向が高まる一群が出てもおかしくない。現在から客観的に見てみれば、不適応を起こしてスケープゴート探しをしても何ら不思議はない状況だ。

本当はブラジル社会からの迫害が心理的なストレスの原因であっても、その不満の矛先は、このような心理作用によって同胞に向けられた。

いわば、コロニアという「圧力鍋」は、戦前からの人種差別という弱火で延々と加熱されて、帰国熱という圧力が高まっていた。そこへ戦争という超強火に切り替えられ、鍋に海外不適応というヒビが入り、終戦のショックが最後のドトメとなって大爆発（勝ち負け抗争）した――と考えられないか。

## 歴史がムリなら小説に投影

病気を治すには「自分が病気であることを認識する」のが第一歩だ。

つまり、ストレスの原因がブラジル社会との関係にあったと日系社会が自己認識するには、移民史の中に記す必要があった。

ところが、戦中の迫害をまっさきに書いた岸本は国籍剥奪裁判という事態となり、「表現の自由」は奪われたまま。ヴァルガス独裁政権の続きの50年代はもちろん、64年からの軍政中に編纂された70年史も迫害を扱うことは難しかった。

そこで日本移民は「ノンフィクション」でなく、「小説」(フィクション)としてなら書けるのではと考え、文芸に癒しを求めたようだ。小説という「架空の物語」の中に現実を強く投影させた。戦争の後に名作文学が生まれる—とはよく言われることだが、「表現の自由」が奪われたままのコロニアの戦後もまさにそうだった。

前山隆は『異文化接触とアイデンティティ』(2001年・御茶の水書房、以下『異文化』)の中で、その傾向を「加害者不明の被害者」という絶妙な表現で表している。

《移民たちは、だれの想像も及ばないほど数多くの小説を書いてきている。このちっぽけな、南米の一隅に出現した日本語共同体のなかで、過去数十年の間に二〇種類以上の文学賞や懸賞小説募集が設定され、作品を発表し、消え去っていった。これらへの応募者数から推断するに、すくなくとも数百人の作者によって、数千の小説がブラジルの地で日本語で書かれてきている。このなかには、職業的な作家となったものはひとりもいない。いったい何がかれらにこうも多くの作品をかかせるのであろうか》(『異文化』204頁)

その中心になった「コロニア文学会」は、1965年に26人の小さな同人会として発足し、翌66年から機関誌『コロニア文学』を刊行し始め、75年までに会員が700人に急増する勢いがあった。その75年には初めての日本移民小説選集である『コロニア小説選集』（全3巻）の第1巻が上梓された。

そこには、戦前から戦中までの怨嗟の声が溢れている。竹井博（本名・桜田博）の「老移民」は終戦直後の勝ち負け抗争のデマニュースに翻弄されていがみ合う植民地の様子を主題にしながら、過去を振り返る場面で1924年のイジドロ革命が描かれる。革命軍の敗残兵が植民地に出没して金品強奪を始めたのに対し、植民者が一致協力して銃撃戦を繰り広げて自衛するも、無残に撃ち殺される仲間の姿が描かれている。

それについて前山は《言葉も解さず、社会機構のメカニズムもよく理解せず、政治力をもたずに農村に点在していた日本人たちは、暴徒の餌食であったわけである》（『異文化』239頁）と解説する。

## 吹き出す戦前戦中の怨嗟

同選集第2巻に収録されている安井新（本名・藪崎正寿）の小説『路上』（1958年第2回パウリスタ文学賞受賞）には、戦中の45年2月、一千家族の日本人植民地が約400人の州兵によって徹底的に家宅捜索され、略奪・暴行を受ける様子を小説として描いた。当時の日本移民の心境を説明して、こんな一節を書いている。

《もし祖国が何の価値もない下らない国となり果てたなら、自分達も同時にそう扱われるだろう……と移民たちは考え始まる。ジャポンと呼びかけられ疵付かないためには、常に祖国は優秀であらねばならない。ジャポネイスと呼ばれ動じないためには、そのジャポンに絶対の矜持を持つ他ない。（中略）つまり、「民族的自覚」とはそのような保身の絶対絶命から生み出されたものなのだ。がそれはやはり弱者の意識だ。（中略）在留邦人の「民族的自覚」はしかし当局の取り締まりが厳重の度を増せば増すほど白熱化していった。一般在留邦人にとって祖国の勝利は冷静な判断の帰結としてではなく、寧ろ唯一の祈願として信念化したのだ。……日本は勝たなければならない……》

戦後、「自分は勝ち組だ」と名乗りを上げられない心情的な勝ち組は、「認識派」を自称しながら勝ち組の怨嗟の声を小説という形で表現していったのではないか。

とはいえ『コロニア小説選集』第2巻（77年）の後書きに、清谷益次は《日系コロニアの一人一人の心に深い傷を刻んだ〝勝ち組、負け組〟の問題も、幾つかは小説の形をとって文学賞に応募されはしたが、陽の目を見得たものは、誠に蓼々たるものである。発表されたものも、作品化されているというのには、甚だ遠かった筈である。コロニア小説作者たちは、このナマナマしい、長い期間に亘って繰り広げられた愚かにも悲しいこれほどの出来ごとを、客観し分析し、作品として構成、昇華させるだけの力を持ち合わせなかった、といえる》と書いた。

つまり岸本のように、終戦直後に「加害者を告発」するノンフィクション書いた人間は稀だ。歴史と言う形では書くには時代の制約が強すぎ、小説で表現するには技巧が難しすぎる。出来不出来は別にして、未消化のまま、吐き出すしかなかった。

もしくは黙る――しかなかった。前山は次の言葉を引用する。《移民は唖……ですね。移民にできるといいえますか、成すことをゆるされているといいえますか、する最良のその仕事は、泥のように石のように黙りつづけることですね。（安井新「ボクの中の国……」１９７２年）》（『異文化２４４頁』）。そのような時代であった。

５、60年代に発表された小説の一部には、果敢に日本移民迫害の古傷を掘り返して、それをどう心理的に納得、昇華しようかという試行錯誤があった。10年、20年の時間をかけて、自らを慰め、徐々に折り合いをつけて事実を受け入れて行った。

だからコロニア文芸のもう一つの特徴は「郷愁」だった。細川周平は『遠きにありてつくるもの』（みすず書房・08年）の中で、移民が繰り返し郷愁をテーマにした文芸作品を作ってきた心理を分析し、《郷愁は寂しさを助長しながら慰める。人は記憶のなすがままにされ、その奴隷となる。（中略）生きものとなった郷愁にまんまとしてやられる。だがその受動的な意識の流れには、現実のつらさを軽くする作用がある。移民文芸を通読してみて、郷愁の吐露が戦前、戦後であまり変わっていないのに気づく。出稼ぎか永住かにかかわらず、ふるさとは移民の妄執だった。郷愁は支配的な心情であり続けた》（56頁）と見通している。

### 恩讐を超えた境地とは

戦前移民の85％が持っていた「帰りたくても帰れない」心情が、戦後、帰国不可能という現実に直面して「郷愁」という病気になった。それを直すために、毎日薬を呑むように、郷愁を繰り返し題材にして小説や俳句、短歌をつくり、共感しあうことで慰めをえた。彼らは「帰りたい」こころを持ち続けながら理性でそれを「不可能」だと否定し、自分を納得させる作業を、文芸を通して行っていった。

でも最初から永住を旨として割り切ることのできた岸本の文章には、郷愁のカケラもない。『曠野の星』は愚直なまでにノロエステ線、パウリスタ延長線を中心とした植民地情勢報告であり、徹頭徹尾ルポだった。いわば直球勝負、文芸なくして日本文化を歌い上げる独自の境地をもっていた。常に読者に寄り添い、勝ち負け問題のみならず、性の問題、寂れる植民地情勢などを一切のタブーを排除し、読者の期待する内容を扱った。俳壇・歌壇は一度も登場せず、小説すらなかった。

戦後移住開始前の対立が激しかった1951年10月に発行された第8号では、「強硬・敗戦 両陣営巨頭に言を聴く」という特集まで組んでいる。最も対立が激しかった場所のひとつ、プレジデンテ・プルデンテ、アルバレス・マッシャードの双方の代表者といえる人物計8人の意見を掲載している。岸本のポジションは実に独自のものがある。

『戦野』初版を刊行したころの岸本は限りなく勝ち組だった。でも「勝ち」も「負け」も超えた一つの境地に向かおうとしていた。勝ち組・負け組共に戦争の勝敗に関してはすでに自明のことであり、問題の本質は「保守性」と「進歩性」という日本国民の気質であると喝破している点で、当時の言論人の中では飛びぬけた先見性をみせている。

終戦直後の40年代後半、50年代において文芸は感情的に悩み傷ついた心を癒す慰めの場となり、

『曠野の星』は理性的に、禁欲的に「勝ち組的な志向を持つ人たちが永住に意義を見出すように導く」役割を果たしたのではないだろうか。

そんな流れの中で「コロニア文学会」が1965年に発足して会員を増加させた。その勢いと反比例するように、『曠野の星』は1967年12月の105号をもって終刊した。

岸本と二人三脚で雑誌を作った武本由夫編集長は、徐々に文学に比重を移し、後に碑を建てられる文人になった。でもその原点は『曠野の星』にあった。

文芸はおろか広告すらもごく一部で、収入の大半を定期購読料でまかない、「十八年間一度も借金政策に走り回ったことがない」（岸本・105号4頁）という経営を貫いた。1967年12月号（105号）をもって、社員10人、購読者5千人のまま、岸本が1年間訪日するのを機に休刊し、そのまま―という終わり方も異色だ。

「『どうして辞めるんでしょう』って義母が首を傾げていたのを覚えています」と次男の嫁・節子（12年6月7日取材）は思い出す。それほど好調な売れ行きで、充実した紙面だった。

## 全盛の105号で突然の休刊

最終巻の「休刊の辞」に岸本本人が書いた《終戦直後、コロニアは祖国の敗戦によって、思想的混乱に陥り「強硬」「敗戦」の二派に分かれて拳銃やドスを懐にして血眼になって抗争している最悪の時にこそ、民族の道しるべとなる高らかな言論の必要を感じ本誌は生まれた。「国は敗れても、精神を失うな！」と呼号して両派の間を駆け回った》との言葉に編集姿勢が集約される。

武本由夫編集長も同号で、〈現在のコロニアは『曠野の星』発足当時のコロニアではない。その経済的発展は瞠目に値するものであり、精神的な背骨も、稜々たる趣きを見せている。言うなれば、本誌の使命とするところは、大体に於いて果たし終えたと見られるのである〉と書く。

つまり、文芸関係が大きく盛り上がるのを横目に、自分は役割を終えたと満足しながら舞台から去ろうとしていた。

最終巻の後、岸本は一年間訪日した。ようやく自分の中の郷愁という気持ちを解禁にしたのではないか。それをコントロールできる禁欲的な人物だった。

その後、69年2月から71年1月まで県人会会長を務めた。ようやく他のことを手伝えるようになった。そんな心境の時期だったに違いない。

奇しくも「移民の日」１９７７年6月18日付エスタード紙に、岸本の訃報が掲載された。翌年には「日系社会の最盛期」の象徴とされる移民70年祭が盛大に挙行された。終戦直後の「混乱期」を収める役割を終え、「安定期」に入ったと実感した心境だったのではないか。

『曠野の星』における岸本の信念は、「歴史は好むと好まざるとに関わらず、事実を事実としてその時代の姿有りのままに書くのが本当である。その時代の姿が美しかろうが、醜かろうが、偽りなく書けばよいので、そこに人類の進んでいく方向があり、移民の辿ってきた大地があるのだ」（『蒼地』４３４頁）というものだった。

「事実を事実としてありのままに書く」ことは一見簡単そうだが、異国に住む移民が、戦争中の事実に関してそれを実行することは、最も難しいことだった。

認識派が「勝ち組大衆」を強引に抑えつけようとした原因は、独裁政府が怖かったからだろう。いまの日本政府が、米国の言いなりなのを〝恐米〟と表現する論者がいるが、認識派はおそらく〝恐伯〟だった。

ところが、勝ち組の主張には「戦前戦中に不当な弾圧を日本移民に対して行ったブラジル政府は、いずれ日本軍が上陸した暁には懲らしめられる」という想定を含んでおり、『戦野』に代表されるように、その言葉には政府批判の視点、トゲが常にあった。

コロニア指導者やデリケートな二世エリート層、戦前の親日派ブラジル人がDOPSにいじめられていた戦中、勝ち組大衆は移動を禁止されたおかげで、「戦勝国への帰国」を目標にしてひたすら農作業に集中し、むしろ資金を貯めていた。

言い方を変えれば、勝ち組大衆の心には日本帰国を願望とする想いが「温存」され、戦前のコロニア指導者層は戦中に資産凍結や拷問、勾留監禁によって心を挫かれていた。

戦前には共に「日本戦勝」を信じて疑わなかったコロニア同胞が戦中の異なる体験を通じて、全く別の考え方を持つようになり、その温度差が終戦の8月15日を境に一気に表面化した。

## 軍政終了30周年の意味

認識派は戦中に受けた心の傷から「政府批判」に敏感になっており、勝ち組が力をつけると公に政府批判を始める可能性があると見た。その前に徹底解体しなければ自分たちが巻き添えを食うから、政府側について一緒に弾圧する側に回る——ことを選んだのではないか。

とはいえ勝ち組大衆も、それを抑圧する側にまわった側も、「戦争」という一枚のコインの裏表、ともに戦争の犠牲者といえる。

数年前、ノロエステの古老を取材した際、「何のかんの言っても、戦後コロニアで日本語教育や日本文化継承に全身全霊を捧げた人材の多くは勝ち組だった」としみじみ語っているのを聞き、目からウロコが落ちた。

勝ち組も負け組も元は一つであり、「認識派」を装う「心情的勝ち組」が、戦後コロニアで日本文化継承に果たしてきた役割は大きい。

パウリスタ新聞元編集長の田中光義さん
（2009年８月11日撮影）

現在のそんな視点からすれば、終戦後に過半数を占めたはずの「勝ち組」側の歴史が、「狂信」の名の元に、邦字紙や正史から排除されている状態では「コロニアの戦後」は終わっていない。

コロニアにとって「終戦70年」に加え、「軍政終了30年」の意味も重要だ。ＰＴ政権は真相究明委員会を作って軍政時代の人権弾圧を調べたが、日系社会においてもそれが必要ではないか。両側の歴史がバランスよく記述された歴史こそが、あるべき正史だろう。

歴史的な行為は、えてしてその時代には適当な評価を得られない。ここ20年で岸本について日本側で評伝が書かれ、

『戦野』が再版された事実は、そこに掘り起こすべき何かがあるということだ。以前、紹介したように暁星学園の記事を２００５年に本紙で出した時、パ紙元編集長の田中光義さんは「最近は勝ち組の記事も載るようになったな。いいぞ、やれやれ」と応援してくれた。その時、独裁政権による弾圧という厳しい時代を乗り越え、新しい視点から移民史を解釈し直して記述することは、本紙の前身である認識派パ紙や日毎の幹部が、本心では最も望んでいたことではないか——と気づいた。

１９５７年にパ紙へ入社した田中さんは、当時の編集長木村義臣が「絶対に勝ち組は許さない」主義であったと回想する。09年8月11日に田中さんに取材した際、「木村さんは自分の横にいた人が勝ち組に撃たれたという経験があるといっていた」と証言した。

実際、木村の日伯新聞の同僚・野村忠三郎は46年4月1日に強硬派に殺された。またパ紙初代編集長・溝部義雄の兄は、バストス産業組合専務の溝部幾太だ。46年3月7日に勝ち負け抗争最初の犠牲者になった、あの溝部だ。編集部内にその復讐心が強かったであろう事は疑う余地がない。

田中さんは「勝ち組の取材をしてもボツになるだけだった」と当時の編集部の様子を証言した。当時、暁星学園の記事など出るはずもなかった。

パ紙は創刊10周年を記念し、57年にパウリスタ文学賞を始めた。認識派のプロパガンダ新聞として始まったパ紙が、結果的に同賞創設によって「吹き出す戦前戦中の怨嗟」を汲み上げて小説として歴史に残す窓口となった。その底辺には「コロニアは一つ」という気持ちがあったはずだ。

２０１６年１月には、南米初の邦字紙・週刊『南米』（星名謙一郎社主）発刊から「邦字紙創刊

「100周年」を迎える。邦字紙は戦前に敵国言語だからと停刊させられ、戦後も軍政監視下の中でコロニアの歴史を刻んできた。

勝ち組批判の最先鋒だったパ紙や日毎紙の後継である本紙だからこそ、「終戦70周年」「軍政終了30周年」の機会に、自省的な視点から、今まで書かれてきた内容を検証する必要があった。岸本事件を通して、邦字紙自体のタブー、戦争が残したトラウマ、今だから冷静に見られる勝ち組の役割などを、この連載と通して少しは見直せただろうか。

# Ⅷ　２０００年に開かれた日系人の〝パンドラの箱〟

（ニッケイ新聞で《戦前戦中の移民史に光当てる＝真相究明委員会謝罪の背景》として２０１４年3月19日から3月21日まで3回連載）

## 『コラソンエス・スージョス』への反発

軍政時代に学生運動家として逮捕され、拷問を受けた経験を持つジウマ大統領の肝いりで２０１２年5月に立ち上げられた「真相究明委員会」。そこで、戦争中の日本移民迫害が取り上げられ、２０１３年10月に同委員会が謝罪するに至った。この件は日本の共同通信や産経新聞はじめ、英ガーディアン紙でも扱われ、米国邦字紙の北米報知でも本紙記事が転載されるなど一部で注目を浴びていた。

「日本移民の死と拷問」問題を真相究明委員会に働きかけてきたのは、映像メディア会社『Imagens do Japao』（ＩＭＪ）の共同経営者、奥原マリオ純（39歳・三世）だ。

彼が２０１２年暮れに公開した勝ち負け抗争を描いたドキュメンタリー映画『闇の一日』を製作する過程で、日の丸を踏まなかっただけで政治警察の拷問を受け、〝監獄島〟アンシェッタ送りにされた日本移民が多数いることを知り、この運動を思い立った。

そもそも奥原が勝ち負け抗争に興味を持ち始めたキッカケは、2000年にフェルナンド・モライスが発表した著書『Corações Sujos』（ポ語・コンパニア・ダス・レトラス出版）だ。そこから13年がかりで撮影したのが『闇の一日』だった。

モライスの著作以前、多くの二、三世にとって同抗争はまったく未知の出来事だった。モライス著作は史実に基づいているが、多分に読み物的に脚色しており、「臣道連盟＝テロリスト」という当時のポ語紙の誤解を膨らませた論調が強い。同著作をさらにチャンバラ活劇風に仕立てたのが、2012年に日伯で公開された同名映画（邦題『汚れた心』）といえる。

真相究明委員会のサンパウロ州小委員会「日本移民の死と拷問」公聴会の様子。左から3人目がジョーゴ州議、カルドーゾ弁護士、奥原、日高。（写真＝CVESP）

このような誇張した解釈や方向性に対して、日系人側からの反発心が生まれていた。その一人はエスタード・デ・サンパウロ紙論説委員をする二世、保久原ジョルジだ。父が臣道連盟の会員だったことから、モライスが同組織をテロ集団のように描いたことに反発を覚え、自分が父親から聞いた話を軸に日系人側の視点による家族史として『O Sudito（Banzai, Massateru）（臣民 万歳、正輝）』（ポ語・2006年・テルセイロ・ノーメ出版社）を著した。

多くの戦前一世にとって終戦直後のドタバタは心理的

なトラウマになっており、今も禁句という雰囲気が強い。まして積極的に子孫に伝えるべき内容とはいえない事柄だった。

同抗争を語ることがタブーになった余波で、ヴァルガス独裁政権中、特に戦中の日本移民への差別や迫害という部分までもが移民史からぼかされてきた。戦中の日本人迫害に関しては移民70年史、80年史、100年史にも詳しくは扱われていない。ヴァルガスから発刊停止処分を受けた歴史を持つ邦字紙も、反政府的な活動を自粛する方向性を強く持ち、意識的にそれに加担して来た部分がある。

奥原は「勝ち負け抗争は調査のキッカケに過ぎない。今、僕の関心の中心はヴァルガス独裁政権時代の人権問題、日本移民迫害だ。それがあったから勝ち負けは起きた。戦争中に日本移民に起きたことを、ブラジルの歴史としてはっきりさせ、二度とあのようなことが起きないように注意喚起するのが目的。そのためにはヴァルガス時代のことをもっと表に出さないといけない。だから真相究明委員会に持ちこんだ」と説明する。

良くも悪くも、モライス著作は日系人のルーツに関する〝パンドラの箱〟を開けた。

## 学術界でも人権侵害調査

モライス著作が起爆剤となり、日本移民百周年の機運がこの方向性に油を注いだ形になった。世紀の祝典を6月に祝う直前の08年4月、USP（サンパウロ大学）の日系研究者タケウチ・ユミ・マルシアは『O Perigo Amarelo（黄禍論）』（ポ語・ウマニッタス出版）を出版していた。政治社会警察の資料を綿密に調べ、ヴァルガス独裁政権の日本移民と子孫への差別的抑圧の一端を初めて明らかにした。これにより学術界で注目を浴び始め、本格的探求の方向性が開かれた。

機を同じくして08年4月20日付けフォーリャ・デ・サンパウロ紙は、ジャーナリストのマチナス・スズキJRによる日本移民への人種差別を振り返る記事（www1.folha.uol.com.br/fsp/mais/fs2004200804.htm）を掲載した。実は移民百周年は、歴史をいろいろな角度から振り返る機会だった。

これらに触発され、リオ・デ・ジャネイロ州立大学ブラジル日本文化研究所によりドキュメンタリー映画『Perigo Amarelo – o lado B da imigracao japonesa（黄禍論—日本移民の裏面）』（2011年・ダヴィ・レアル監督、50分）が制作された。二世のアリタ・マサルの証言を映し、リオで戦時中に差別された経験から「我々は日本人の子供だが、ブラジルで生まれたブラジル人だ。この国でこのようなことが二度とあってはいけない」という血のにじむような証言を引き出した。

同映画の最終部ではゼリア・ブリット・デモルチニUSP教授が「ブラジル政府は戦争中の日本人差別に関して一度も謝罪したことはない。おそらく最も謝罪的な行為であったのは、日本移民百周年の機会に実に積極的な協力をしたことではないか。政府だけでなく、国民全体がそれを意識していたかのように思えた」と語っている。

これらに共通しているのは、日系社会のコンセンサスを受けて運動として広がるのでなく、ほぼ同時多発的に独自に動いている点だ。

ジウマ大統領の肝いりで始まった「真相究明委員会」下部組織、サンパウロ州小委員会のアドリアノ・ジョーゴ委員長（州議、PT、労働者党）と、奥原は何度も打ち合わせをして議題として取り上げるように働きかけてきた。

同委員会が設定する調査範囲は1946年から88年だが、軍事独裁政権による被害事件が中心だった。奥原は、勝ち負けが起きた原因はヴァルガス独裁政権の人権侵害であり、その続きとして終戦直後の不当な日本移民取締りが行われた訳だから、これも対象になりえる―と考えた。まず同小委員会で『闇の一日』試写会、日高徳一の非公式公聴会を行った。同委員会はPT系の人物が中心になっているため、右派や中道派政党に多い日系議員は協力を申し出ることはなかった。日系政治家から議員割り当て金などで支援して貰っているブラジル日本文化福祉協会や移民史料館関係者からも当時は距離をおかれる状態だった。奥原は、「あまりに委員会の腰が重いので9月に諦めようかとさえ思った」と振りかえる。

でもジョーゴ委員長は「正式な公聴会を開くべきだ」と決断し、奥原が真相究明委員会の元委員長、ローザ・カルドーゾ弁護士と話す機会を作った。同弁護士は奥原の話に強く感銘を受け、サンパウロ州小委員会がこの件に関する公聴会を行うことを許可し、特別に自ら出席することを決めた。

## 父の無念の想い胸に行動

「真相究明委員会の名において日系コロニアに謝罪する」――サンパウロ州小委員会は同州議会で、2013年10月10日午後、「日本移民の死と拷問」に関する公聴会を行い、連邦レベルの同委員会メンバーのカルドーゾ弁護士は特別にリオから出席して、そう謝罪した。

当日は3人が証言した。何の罪もないのにアンシェッタ島に流された故山内房俊の息子、山内アキラの証言映像が流され、「獄中のことを証言するよう父に何度も言ったが、話したがらなかった。日本人が嫌いな軍曹に拷問や酷い扱いを受けたと父は言っていた」と話した。カンバラ・シズコは、1946年に警察の拷問で亡くなったとされる写真家・池田フクオの投獄の様子を証言した。日高徳一＝マリリア在住＝は、当時日本移民が受けた違法投獄、拷問などの不当な扱いについて証言した。

カルドーゾ弁護士は「かつてのブラジル人エリートは常に人種差別者だった。ブラジルが発見された当時、下等民族とみなされたインディオが大量虐殺され、黒人は動物、商品として非人間的な扱いを受け、その次は移民、特にアジア系移民が標的にされた。戦争中にその差別が顕著になった」と認め、謝罪した。

IMJ社の故奥原マリオ清政さん（奥原純さん提供）

2時間余りの公聴会には約150人が出席した。奥原は「普通の公聴会は証言を聞いておしまい。今回のように両国歌斉唱をし、戦中を映像で振り返り、日本語の歌を入れ、儀仗兵に追悼ラッパを吹かせて、献花するというのは異例中の異例。ジョーゴ議員がすべて差配してくれた」と深く感謝する。

政府に近い筋が、日本移民への人種差別を初めて正式に認めて謝罪したものであり、ブラジル近代史においてもインディオ、黒人以外にも人種差別があったことを認めたという意味で歴史的な発言といえる。

ＩＭＪ社は１９７０年10月から日系人初のテレビ番組を始めた伝統ある会社で、奥原康永（こうえい、兄）と奥原マリオ清政（弟）が共同経営していた。芸能人招聘事業を頻繁に行い、同年8月には美空ひばり公演まで成功させた。

清政の息子、奥原マリオは真相究明委員会に今件を持ち込んだ理由を、「父がブラジルに来たのは１９３７年。まさにヴァルガスの新国家体制が始まった年だった。当時、父の家族はアラサツーバに住んでいたが、日本移民への暴行、犯罪はひどいもので、川に突き落とされたことまであったと父から聞いた。本来なら、父は自分のテレビ番組の中でそのことに触れたかったが現実には不可能だった。だって当時は軍事政権の時代だから」と説明する。

「ブラジル政府は日本人に謝るべきだと、父はいつも言っていた。賠償金が目的じゃない。このような残酷な歴史が、二度と繰り返されないようにするためには、まず公式な組織が歴史的な事実として取り上げ、そこで認められることが必要だと思った」と強調する。

日本移民史料館に真相究明委員会の謝罪メッセージを刻んだ金属板を設置したいとのアイデアが出ているという。奥原は「今回の謝罪はあくまで委員会としてのもの。政府の正式謝罪まで持って行きたい。大統領もしくは連邦議会だ。だから次はこの件を法務省に持ち込むつもりだ」と語った。このような政治的な動きは一世には難しい。二世世代ならではの新しいルーツ探求意識の表れといえそうだ。奇しくも13年は、ヴァルガス時代の中でも特筆すべき迫害、６５００人もの日本移民サントス強制立ち退きから70周年だった。（『ブラジル特報』２０１４年3月号に寄稿した原稿に加筆）

# Ⅸ　子孫にとっての勝ち負け抗争

（ニッケイ新聞で《パウリスタ延長線戦後史1＝子孫にとっての勝ち負け抗争》として２０１４年６月18日から６月26日まで６回連載）

## 「どう理解すればいいのか？」

「ブラジル人として戦中戦後の差別的な待遇を日本人に謝りたい。肌の色はいろいろだが、人間は一種類だけだ」。２０１４年５月31日午前10時から聖州ツッパン市の市議会で行われた「１９４６―47年の間の日本移民の死と拷問」公聴会（主催＝青木カイオ市議、ツッパン文化体育協会、山内家）で、真相究明委員会サンパウロ州小委員会のアドリアノ・ジョーゴ委員長はそう謝罪した。約60人余りが傍聴席で熱心に耳を傾けた。勝ち負け抗争の出発点ツッパンで、「戦後の移民史をどう理解したらいいのか」と勝ち組子孫が真剣に問いかけ始めた。

「日本の敗戦を喜び、皇室を汚すような発言をする一派が跋扈する状況になった責任を問う」と思い詰めた愛国的強硬派が、終戦直後、敗戦の報を広く知らせた終戦伝達書の署名者７人の殺害を図った。それをきっかけに、双方が襲い合って20人余りが犠牲になる惨事が日系社会に起きた。

この勝ち負け抗争は1946年1月に、ツッパン市郊外にあったクイン植民地の「日の丸事件」から始まった。纐纈家で日本人が集まって新年会をやっていた時、密告で駆け付けた軍曹らが出席者を暴行し、警察署まで連行した。「押収した日の丸で軍曹が汚れた軍靴を拭った」との噂がながれ、その真偽を確かめるために日高徳一さん（当時20歳）ら7人が警察署に向かい、逮捕されたという事件だ。

「本当の家族の歴史を知りたい」と訴える仁井山スエコ

フェルナンド・モライス著『コラソンイス・スージョス』（2000年・カンパニア・ダス・レトラス）では「日の丸事件」のことを、臨場感たっぷりに「日高は刀を抜いて一撃を食らわすべく突進して来た。兵士たちは5人がかりで取り押さえ、武装解除した」（20頁）と描写する。

ところが日高は公聴会で「わしらは日の丸で靴を拭ったかどうかを確認にいった。日本語学校の夜学の帰りだったから学用品を手に持っていただけ」と証言し、「通路を挟んで向いの留置場には纐纈さんら数人がいて、警察に拷問を受けて身体中がアザだらけになっていて座る事すらできないほど苦しんでいた。本当にひどい光景でした」と加えた。

46年4月以降に起きた殺害事件の実行者（日高ら）10人の一人に池田満がおり、弟・福男がツッパンの大西写真館で見習いとして働いていた。日高は「福男くんは我々とはまったく無関係だった。

病弱だったので写真館で見習いをしていた。兄が我々の仲間だったから第2弾じゃないかと疑われ、ポンペイアの警察署で殴る蹴るの拷問を受け、アンシェッタ島に送られた時にはもう弱っていた。医者の指示でサンジョゼの病院に送られ、青酸カリを飲んで自殺した」と語った。

大西写真館の館主の娘・仁井山スエコ＝聖市在住＝も証言台に立ち「母は福男さんのことを『とても才能のある若者だった』といつも嘆いていた」とのべた。さらに「今16歳の私の子が、二年前にネットで私の父の名前を見つけた。モライスの著作から広まったようだ。私は怖くて、あの本をいまだに読むことができない」との辛い心情を吐露した。

「なぜ父が何度も逮捕されたのか、今も理解したいと思っている。家族の歴史のためにも、本当に起きたことは何だったのかを知りたい」と悲痛な心の叫びを口にした。

父は警察に何度も勾留され、写真館は閉店となり生活苦に陥り、出聖して写真館を再開した。ツッパン時代は〝失われた家族の記憶〟だという。

## 扇情的なモライスの著作に大ショック

1946年当時の伯字紙は連日「臣道連盟はテロ集団だ」と報じ、その悪印象が根強く残ってしまった。そのため多くの臣連関係者がその件を心にしまい込み、きちんとした事実関係を子孫に伝えてこなかった。加えて、勝ち負け抗争という未曽有の出来事に際し、「臭いものにフタ」という日本的な態度でコロニア指導者は対処してきた。

その結果、「臣連＝愛国テロリスト集団」「勝ち組＝狂信者」という見方が書き残され、「本当は

青木カイオ市議

どうだったのか」を検証する取り組みが行われてこなかった。検証されないままにその見方が一人歩きし、ひずみとなって勝ち組子孫に重くのしかかっていた。

そこへ突然、2000年に伯人有名ジャーナリストのフェルナンド・モライスが著書『コラソンイス・スージョス』（2000年、カンパニア・ダス・レトラス）という〃爆弾〃を落とした。半ば興味本位的な小説調の筆致で、百数十人の実名をあげながら勝ち負け抗争を「臣道連盟＝テロリスト」的な論調でセンセーショナル（扇情的）に報じ、ブラジル社会に大反響を呼び、同名映画まで制作された。

その本の表紙につかわれたのが、大西写真館で撮影された日の丸事件の7青年の写真だった。モライスの『コラソンイス～』は実在の事件を誇張した部分があり、多くの新事実を発掘したのも確かだが、日系人のタブー的歴史領域に、泥足で踏み入ったような印象を残した。あまりに強いショックを勝ち組子孫に与えたため、現在の様な歴史見直し機運につながった。

「臣連＝テロリスト」という見方に対して、二世側からの反発の先鋒はエスタード紙編集委員の保久原ジョルジだった。『O Sudito（Banzai, Massateru）（臣民—万歳、正輝）』（ポ語、2006年、テルセイロ・ノーメ出版社）を著し、連盟員だった父親を中心に家族史を描く中で「テロ集団ではない」との疑問と反発の声を挙げた。

日高は公聴会で「ツッパンの山内健次郎さんは臣連幹部だったというだけでDOPS（政治社会警察）に連行され、尋問中、御真影を踏んだら出してやると言われた。山内さんは『そんなことをするなら死んだ方がましだ』と3階の窓から飛び降りようとして取り押さえられた。高齢の父を一人にできないと同伴した息子房俊さんと共に島に送られた」と証言した。

当時の日本人であれば、敗戦を認識した人物ですら御真影を踏むなどできなかっただろう。まして勝ち組が……。

日高ら実行者十数人以外、172人の大半は、臣連幹部という〃容疑〃で逮捕され、御真影や日の丸を踏まなかったために監獄島アンシェッタ島送りにされた。しかも46年11月には大統領から国外追放令まで出された。

「ツッパンからは13人が島流しされた」と日高はいう。アンシェッタ島は当時、重刑者のみが送られる流刑場だった。当時の警察としては「臣連幹部＝テロ犯罪の共犯容疑」であった。

脇山甚作殺害事件の実行者の一人、日高は「我々は臣道連盟とは何の関係もない。親が臣道連盟幹部の人は、疑われたら大変だからと、わざと誘わなかったくらいだ。私らは青年仲間だけで個人的に参加を決めた」と繰り返す。「臣道連盟は単なる精神修養団体で、ツッパン支部では日本精神に関する講話、日本語教育、柔道などをやっていただけ」という。

### 臣連は司法、行政的にシロ

日本移民への行動制限の多かった戦中や終戦直後の世情や通信状況を考えれば、前年8月の終戦後に結成されたばかりの臣連に、1月の「日の丸事件」以来わずか2、3カ月で多くの地方支部と綿密な連絡を取り合って、4月以降の数々の事件を計画することは本当に可能だったのか――。

勝ち負け抗争を徹底的に調べたフリージャーナリストの外山脩は『百年の水流』(12年、改訂版)の中で、臣連の本部職員だった佐藤正信の証言として《もし臣連が(襲撃指揮)をやっていたら、とても、あんなものでは済まなかったでしょうヨ》(319頁)との言葉を紹介した。《現実に起きた襲撃の様子は、まことに素人っぽい。そして、目的の達成率が低い》(319頁)と指摘している。本当に退役職業軍人が血気盛んな青年らを訓練していたら、あんなものではすまなかったと見ている。

さらに外山は同著で驚くべき結論を出した。日高さんの様な実行者は30年前後の懲役刑を申し渡されたが、それ以外は誰一人起訴されなかったというのだ。《臣連の本部の理事たちが、被告として法廷に立つことも、なかった。検事側の起訴申請を、裁判所が拒否したのである。(中略)オールデン・ボリチカは、ほかに、検挙者の内、四百数十人を起訴しようとしたが、それもできなかった。(中略)国外追放令も、それから数年後、1959年から1962年にかけて、クビチェック、ジャニオ両大統領の時代に取り消された。かくして司法的にも行政的にも「臣道連盟はシロ」という結論が出た》(318頁)。

「臣連が組織的に殺害事件を計画した」のではなく、「臣連メンバーを含んだ一部の強硬派が三々五々、同時多発的に勝手に実行した」あたりが現実的な解釈ではないか。ならば「臣連=テロリスト」という解釈は明らかに誇張だ。連盟員であるだけで犯罪者と断定するような風潮は偏ったものではなかったか。

終戦直後の同胞社会の7、8割が勝ち組で、その最大集団が臣道連盟だった。1960年前後に「臣道連盟はシロ」との司法的、行政的な判断が出たにも関わらず、当時の邦字紙や移民史編纂委員会は、その事実を同胞社会に広く定着させようとはしなかった。

その結果、当時、人格形成期を迎えていた子孫が2000年頃には家長にとなり、三世世代にどう歴史を伝えていいのか悩む時代になった。たとえば終戦時に10歳なら2000年には65歳だ。そんな二世家長にとって、実名が多数出てくるモライスの著作は、家族の歴史に触れる由々しき問題を提示した。

「ファミリアの誇り」がその一冊によって汚される雰囲気が高まったため、日系社会の〝パンドラの箱〟を開けたかの様な反発が次々と起こっているのがここ数年来の状況だ。

ブラジル社会に対して悪い印象を与えた勝ち負け抗争が起きて、強い引け目を感じたコロニアは、戦中や終戦直後に頻発していた日本人差別や迫害に対する怒りを自発的に抑え、「なかった」かのように振る舞ってきた部分があった。

モライスの本には当時の警察による日本人差別についても記されており、いろいろな意味での関心を喚起した。

## 宣戦布告前から敵性移民扱い

ツッパン公聴会でアドリアノ・ジョーゴ委員長は、戦中戦後の日本人差別が、勝ち負け抗争勃発の一因になったという考え方を公式に認めた。

「ヴァルガス独裁政権は元々親ドイツ、イタリアだったが、１９４２年に米国との関係を大きく修正した。米国から製鉄所建設、フェルナンド・ノローニャの空港、ナタールの空軍都市化（米国が南大西洋に展開する拠点）への莫大な投資をしてもらうことと引き換えに、ブラジル政府は連合国側に入ることを承認した。その結果、特に日本人、ドイツ人はまるで政治犯のように迫害されることになった」と伯米関係の歴史を振り返った。

真相究明委員会聖州小委員会のアドリアノ・ジョーゴ委員長

戦前戦中の米国による排日プロパガンダにも触れ、当時のブラジル国民はその強い影響下にあったことも深く関係しており、勝ち負け抗争はけしてコムニダーデ内部だけの問題ではない、との考えを同委員長は証言した。

本紙・深沢正雪編集長も証言台に立ち、次の報告をした。１９４２年1月に伯国政府は日本など枢軸3国と外交断絶・経済断交をした。これは外交的手段として現在も良く使われるものであり、これだけでは〝敵国〟とはいえない。ドイツの潜水艦攻撃で2月から8月までに19隻の伯国や米国商船が沈められ、死者が1千人以上に上ったことからブラジル国民に怒りが湧きあがり、同年8月22日に伯国政府は実際に対独伊宣戦布告に踏み切った。

しかし、対日宣戦布告が出されたのは、実は１９４５年5月7日だった——との事実関係を報告した。45年5月までの日本移民は、独伊と同じレベルの「対戦相手（敵国）」ではなかった。にも関わらず、白人系のドイツ、イタリア移民と比べて明らかに顔立ちが異なり、文化も違う日本人は官憲から特に迫害対象にされた部分がある。

その流れの中で、1943年7月8日にサントス市地域に住む枢軸国人の24時間以内の強制立ち退き命令がDOPSから出された。

サントス港沖合いでブラジルと米国の貨物船5隻がドイツ潜水艦に沈没され、ブラジル軍当局は港湾地帯に住む枢軸国人のスパイ行為との見解をもち、日本移民全員と、ドイツ移民が立ち退き対象とされ、イタリア移民は外された。病人も含めた6500人以上の日本移民は財産の処分はおろか、身の回り品すら持ち出せないまま、聖市の移民収容所に送られた。渡辺マルガリーダ女史が創立した日本人救済会がその支援に尽力した。

米国による排日プロパガンダ、ヴァルガス独裁政権の戦中の日本移民迫害という歴史的な歪みが、当時の同胞社会に強い社会的なストレスを生んでいた。日本人敵視・差別という強い社会的圧力が「日本が勝てば、将来ブラジルに報復できる」「日本に負けてほしくない」という集団願望を生み、「負けているはずはない」という信念に結晶して、勝ち負け抗争の素地になった――という認識が公聴会では確認された。

従来の「愛国心に狂った日本人が認識派要人をテロで殺害した」という、同胞社会内で自己完結した歴史観とは異なる見方といえる。

ＤＯＰＳから禁書にされた岸本昂一著『南米の戦野に孤立して』には、サントス強制立ち退き者のその後に関して、こう書かれている。

《かくして数百人の一団は、パウリスタ延長線のマリリア市へ、他の一群はノロエステ線のリンス市へ、また他の貨物車に封じこまれた人々はソロカバナ線のパラグワスー市へと、云うふうに大きな駅々へ下車させられ、目下戦争で労力不足の耕地へ送られ労働させられた……》（41頁）

10年、20年とコツコツ築き上げてきた財産を、二束三文で売り払わらなければならなかった移民の無念が、それらの地はこもったはずだ。そんな地に勝ち負け抗争の白熱地がいくつも含まれるのは偶然なのか。

## 郷土史にモライス著から引用

ジョーゴ委員長は「日本人を残酷に扱ったことは、ブラジル人にとって語ることを憚られる歴史でもある」とのべ、戦後の勝ち負け抗争時にＤＯＰＳで不当に日本移民を拷問し、日の丸を踏まなかっただけの人までアンシェッタ島に送り込んだことを、ブラジル政府側の一機関としてツッパン公聴会で謝罪した。

昨年10月に聖州議会で行われた第1回公聴会では、連邦レベルの同真相究明委員会の元委員長ローザ・カルドーゾ弁護士が出席して「真相究明委員会の名において日系コロニアに謝罪する」と語った。政府筋が、ヴァルガス独裁政権時代の日本移民への人種差別や迫害を初めて正式に認めて謝罪したものであり、近代史においてインディオ、黒人以外にも人種差別があったことを認めたという意味で歴史的な発言だった。その第2回が同抗争の出発点ツッパンで行われた訳だ。

父と祖父の島送りは、山内家にとって家族史の暗闇的な部分だった。山内房俊の息子、ツッパン在住の山内明（65歳・二世）は本紙取材に対し、「父は島での体験をずっと話したがらなかった。戦争中は僕ら二世もブラジル学校でいじめられたから、結局日系ばかりで固まっていた時期があった」と思い出す。「ブラジル人はとても良い心性を持っているが、あの時代はアメリカに煽られて反日宣伝がひどかったから仕方なかった」などと感慨ぶかげに述懐した。

公聴会の途中、戦中戦後に不当な迫害を受けた日本移民に対し、山内明の娘フェルナンダが日伯両国旗に献花をした。

山内明

勝ち組子孫側からのこのような疑問提起に対し、ツッパンに生まれ、今も在住するカワカミ・タカオ（75歳・二世）も証言台に立って、従来の歴史観からこう反発した。「確かに子どもの頃、日本人は差別されていたが今はもう完全に統合している。事実、私は色んな団体の会長を歴任した」と語り、「私が聞いているのは、ツッパンでは強硬派が負け組の3人を殺す事件が起きたという歴史だ。その犯人や未遂者、協力者がアンシェッタ島に送られたと考えている」との歴史観を示した。

同地発行のポ語郷土史『Tupa Depoimentos de uma cidade（ツッパン・一つの町の証言）』（2012年・第2版）を調べてみると、600頁余りもある力作だった。最終章近くには、勝ち負け抗争が7頁に渡って扱われ、《戦勝狂信者からお金をだまし取るために臣連は1943年頃に組織された》（567頁）などと記されている。実際の創立は1945年であり、事実関係が検証されていない。

また参考文献として『コラソンイスー～』を挙げ、日の丸事件に関して《（国旗で靴を拭われて）屈辱を受けた日本人らは、エジムンド軍曹を捕まえて殺そうとした》（569頁）と書かれている。加えて、当時の臣連ツッパン支部の幹部名が詐欺やテロの片棒を担いだ人物であるかのように実名で引用されている。そんな郷土史を読まされた子孫は、どんな気持ちになるのか……。

カワカミが公聴会で語ったのは、まさにこの「郷土史」に書かれている内容だ。臣連幹部だというだけで島送りにされた人たちは、司法的にも行政的にも放免された経緯があるのに、見事に抜け落ちている。

一連の公聴会を企画した奥原純さんは「現在はデモクラシーの時代。自由な言論が保証されている。公にお互いの議論を戦わせることが重要。今までのようにタブーにしておくのは、日系人の歴史にとって良くないと思う」と訴えた。

聖市から駆け付けた日伯文化連盟の仁井山進理事も証言台に立ち、「我々は情報戦の時代に生きている。米国はそのスペシャリストだ。我々は歴史の真実を求めて、もっと調査を重ねないといけない」との考えを述べた。

「家族の歴史に誇りを感じて」

「この60年間、今日のような話は一度も聞いたことがなかった」。山内明さんは証言台で、目に涙を滲ませながらそう感想を語った。「特にアドリアノ・ジョーゴ委員長の話だ。拷問や差別があっても、父母からブラジル政府への悪口は聞いたことはなかった。今日聞いた話は、現在のように敬意を持たれるまでになった日系社会が生まれるまでの、貴重な歴史の一部ではないか。娘たち新しい世代はまだ歴史を良く知らない。子どもたちにも家族の歴史に誇りを感じてほしい」との切なる願いをのべた。

青木俊一郎、俊二、俊三兄弟

ドキュメンタリー映画『闇の一日』（奥原マリオ純監督・IMJ）短縮版も上映され、予定になかったマノエル・フェレイラ・ガスパール市長も急きょ駆け付け、「私も移民の子どもだ。大戦中に辛い思いで過ごした経験はよく理解できる。同じ間違いを繰り返してはいけない。歴史のしこりは、そのままにしてはいけない。このように公に話し合うことはとても重要だ」と公聴会の意義を称賛した。

奥原純さんも「抗争を恥とした日系社会は、戦争中の迫害ごと忘れようとしてきた。そのおかげで不当な政治的な迫害は罰されずに今まで来てしまった。もう二度とそれが起きないよう、歴史と記憶にとどめないといけない」と証言台で熱弁を振るった。

ツッパン文化体育協会の吉川忠昭会長は「当時、多くの日本人は強硬派だった。自慢にならない話として避けられてきたが、今となっては公に話し合っていいと思う」と明言した。

ジョーゴ委員長は公聴会実現に尽力し、議長も務めた青木カイオ市議の働きを讃え、「勇気ある政治家」と称賛した。実は青木市議の曽祖父・青木勘次もまた、島に送られた一人だった。若干23歳の市議は「ジッチャンはツッパン最初の柔道教師だった。とてもブラーボ（短気）よ」と笑みを浮べた。実はその日の早朝、曽祖父の墓に線香をあげ、家族の歴史に誇りを取り戻すべく気合を入れていた。

来場した青木勘次の長男・俊一郎（81歳・二世）は「僕らは小さかったから当時の詳しい事情は分からない。父は家で島での話をしなかった。あの頃は郊外のキテロイ植民地にいた。父が島に送られた間、母が玉ねぎを植え、当時13、4歳だった僕が馬で町まで売りに来た。父は信じてやったことだろうが、おかげで僕らは貧乏で苦労した」と振りかえった。

青木家は1953年にツッパンに移転し、今もそこでパイナップルやポンカンを作る。島から返った勘次は子ども9人を農業で懸命に育てた。

プロミッソン市の安永エジソン市議と共に来場した父忠一郎（72歳・三世）は、「父（伯雄）はプロミッソンで1947年に市議に当選し、毎日のように留置場から日本人を出す仕事をしていた。今日の話は、もっとたくさんの日系人が聞きに来ていい話だっだ。あの時代の話を公に話したい人は実は多いのではないか」と感想を述べた。

公聴会の後に行われたツッパン科学会計企業経営大学（ＦＡＣＣＡＴ）の特別講座ではジョーゴ委員長の講演を始め、日高さんの実話体験などが語られた。それを聞きに来ていた同地郷土史『Ｔｕｐａ』の共著者で歴史家のエリザベッチ・モレノさんとイアラ・ビアンキ・ナカヤマさんは、講座終了後に日高さんらに歩み寄り、「この本の間違いを指摘してほしい。第3版にするときに修正したい」と申し出た。

勝ち負け抗争は、ある意味、まだ終わっていない。その揺り返しの時代が来ているからだ。子孫や地元ブラジル人らにより、勝ち負け抗争をブラジル近代史の中で、より妥当な形に位置付ける解釈見直しの作業が始まっている。

## 「勝ち負け抗争」年表

| 年月 | ブラジル側の出来事 |
|---|---|
| 1908年6月18日 | 第1回移民船「笠戸丸」サントス着 |
| 1923年9月1日 | 〈日本〉関東大震災が発生 |
| 1924年2月 | 〈日本〉日本政府が関東大震災罹災者の南米移住奨励で渡航補助を開始。希望者殺到。同年7月には3千人枠に拡大、1926年には5千人枠、1927年には7750人枠に増やし、国策移住に |
| 1924年5月 | 〈アメリカ〉アメリカ排日移民法成立 |
| 1930年11月3日 | ゼッツリオ・ヴァルガスが大統領に就任。国家主義の時代の始まり |
| 1931年9月18日 | 満州事変 |
| 1934年7月16日 | 外国移民二分制限法。事実上の日本移民入国制限に |

| 年月 | ブラジル側の出来事 |
|---|---|
| 1935年6月1日 | 〈日本〉日本から「東京ラジオ」（現NHK）が海外向け短波放送を開始 |
| 1937年6月19日 | 市毛孝三総領事の呼びかけで日本精神を二世に教える「龍土会」設立 |
| 1937年7月7日 | 支那事変（日中戦争）勃発 |
| 1937年10月 | ブラジル日本人文教普及会（文教）の機関誌『黎明』発刊 |
| 1937年11月 | ヴァルガス独裁政権が始まる。新憲法で14歳未満に外国語教授を禁止。日本語教育界に苦難始まる |
| 1938年12月25日 | ブラジル全土の日・独・伊系の学校が全面閉鎖。当然、日本語学校も全校閉鎖 |
| 1939年7月 | ブラジルからの引揚げ者が多数帰国 |
| 1939年9月1日 | ドイツがポーランド侵攻。9月3日には英・仏がドイツに宣戦布告。欧州での世界大戦が勃発 |

| | |
|---|---|
| 1940年 | 〈日本〉日本で紀元2600年記念行事 |
| 1940年10月 | 〈日本〉日本で大政翼賛会が発足 |
| 1941年7、8月 | ブラジル政府により日本語新聞がすべて強制停刊 |
| 1941年10月頃 | 日本をまねて大政翼賛同志会がサンパウロで発足 |
| 1941年12月8日 | 〈日本〉真珠湾攻撃、太平洋戦争開始 |
| 1942年1月15日 | リオで汎米会議が開催（～27日）され、枢軸国への国交断絶を決議 |
| 1942年1月19日 | サンパウロ州保安局、敵性国民に対する取締令を公布 |
| 1942年1月29日 | 枢軸国側に対し、国交断絶、在外公館閉鎖を命令 |
| 1942年2月2日 | サンパウロ市内の日本人集住地区コンデ街に第1次立退き命令 |
| 1942年2月11日 | 枢軸国側資産に対して資産凍結令。野外での敵性国言語の使用禁止 |
| 1942年6月 | 日系社会指導者階級が次々にスパイ容疑で逮捕・拘留される。渡辺マルガリーダ女史が「サンパウロ・カトリック日本人救済会」を結成して差入れなどで支援 |
| 1942年7月3日 | 日本政府代表や駐在員ら1600人が交換船で引揚げ。移民の中に棄民意識が顕在化 |
| 1942年8月15日 | ナタル沖で2～3日の間に5隻のブラジル商船がドイツ潜水艦に撃沈される |
| 1942年8月18日 | ブラジル商船沈没に怒ったベレン市民は枢軸国民の家や商店を焼き討ち。日系人は特に目立つため被害甚大。政府はこれをきっかけにトメアスー移住地に枢軸国移民を強制移動させ、隔離した。 |
| 1942年8月22日 | ブラジル政府は対独伊宣戦布告。アメリカの要請に従い、イタリア戦線に遠征軍を派遣することを決定 |
| 1943年7月8日 | サントス沖のブラジル商船がドイツ潜水艦に沈められた直後、サントスに住む枢軸国側移民に24時間以内の強制立ち退き令。日本移民だけで6500人が退去 |

| | |
|---|---|
| １９４４年４月 | ハッカ、藺生産者は敵性産業として焼き討ちする事件が発生。「天誅組」などの愛国秘密運動が始まる |
| １９４５年６月６日 | ブラジル政府、日本に宣戦布告 |
| １９４５年８月15日 | 日本降伏。終戦直前頃に、臣道連盟が発足。理事長は吉川順治（第４章に詳細）。<br>〔日本〕終戦を告げる玉音放送 |
| １９４５年９月２日 | 〔日本〕東京湾の米国戦艦ミズーリ艦上で日本は連合国と降伏文書に調印 |
| １９４５年９月23日 | 勝ち組団体の活動が活発化 |
| １９４５年10月３日 | 時局認識運動が動き出す。「終戦伝達趣意書」に７人が署名し、地方集団地に配布される |
| １９４６年１月１日 | ツッパンで日の丸事件 |
| １９４６年３月７日 | バストスで溝部幾太殺害事件 |
| １９４６年４月１日 | 野村忠三郎殺害事件、古谷重綱殺害未遂事件が発生 |

| | |
|---|---|
| １９４６年６月２日 | 脇山甚作退役陸軍大佐殺害事件（日高徳一が参加した事件。第６章に詳細） |
| １９４６年７月 | ノロエステ、パウリスタ線沿線で勝ち負け抗争が激化 |
| １９４６年７月10日 | 森和弘の実夫と養父が勝ち組に殺害される（第５章で詳細） |
| １９４６年７月19日 | マセド・ソアレス聖州執政官は勝ち組代表者５、６００人を州政庁に呼び説得を試みる |
| １９４６年７月30日 | オズワルド・クルス市で日本人をリンチする市民騒乱が発生 |
| １９４６年８月27日 | 勝ち負け抗争を重く見た新憲法制定議会では、日本移民入国禁止条項が盛り込む提案があったが、議長が反対票を入れたため、採用されず |
| １９４６年９月18日 | ブラジル新憲法公布 |
| １９４６年10月12日 | サンパウロ新聞創刊。邦字紙復刊第１号。続いて南米時事、ブラジル時報も。 |
| １９４６年11月３日 | 〔日本〕日本国憲法公布 |

| | |
|---|---|
| 1947年1月1日 | パウリスタ新聞創刊 |
| 1947年1月6日 | 最後の勝ち負け殺害事件発生 |
| 1947年9月 | 岸本昂一が『南米の戦野に孤立して』を出版してDOPSから禁書にされ、国外追放裁判に（第7章に詳細） |
| 1949年1月1日 | 日伯毎日新聞創刊 |
| 1950年3月4日 | 古橋ら日本の水泳選手団が来伯 |
| 1950年5月19日 | 移民の祖、水野龍が帰伯 |
| 1950年7月27日 | 日本戦災同胞救援会が解散。連絡機関を設置し、これがのちにサンパウロ文協の前身となる |
| 1950年12月 | 日本政府は戦後最初の外交事務官5人をブラジルに派遣 |
| 1951年2月26日 | 東山銀行が資産凍結解除の一番乗りになる |
| 1951年4月21日 | 多羅間俊彦（旧東久邇宮）がブラジル移住 |

| | |
|---|---|
| 1951年9月3日 | 〔日本〕サンフランシスコで対日講和条約調印 |
| 1951年12月7日 | 戦後初の石黒四郎総領事が赴任 |
| 1952年4月28日 | リオ在外事務所が大使館に、サンパウロは総領事館に昇格 |
| 1952年9月29日 | 戦後初代の君塚慎大使が着任 |
| 1953年1月18日 | 戦後最初の移民がサントス到着 |
| 1953年5月 | 最後の勝ち組系団体・桜組挺身隊が活動始める |
| 1954年1月9日 | 〝朝香宮〟を名乗って勝ち組から金品を詐取していた加藤拓治が警察に収監される |
| 1954年1月25日 | サンパウロ創立450年祭 |
| 1954年8月24日 | ヴァルガス大統領自殺 |
| 1954年8月27日 | 評論家大宅壮一と中野義夫が着聖。9月まで滞在。 |

| | |
|---|---|
| 1955年1月 | 桜組挺身隊が街頭デモ。最後の勝ち負け関連の事件となった。 |
| 1958年4月25日 | 救済会が「憩の園」開園 |
| 1958年6月17日 | 三笠宮ご夫妻が移民50周年式典出席のためにご来伯 |
| 1959年5月17日 | ノロエステ連合日本人会設立 |
| 1959年7月24日 | 岸信介首相来伯 |
| | 勝ち負け抗争がアンタッチャブルだった時期が40年余り続く |
| 1980年 | 『ブラジル日本移民70年史』刊行 |
| 2000年 | フェルナンド・モライスが『Corações Sujos』（『汚れた心』）を刊行。日系社会に激震（この本に反発する日系人の動きを第8章に詳細）。これを機に勝ち負け抗争の解釈問題が起こり、揺り戻し期に |
| 2006年 | 保久原ジョルジが『O Sudito（Banzai, Massateru）（臣民 万歳、正輝）』刊行 |
| 2008年4月 | USPの日系研究者タケウチ・ユミ・マルシアが論文『O Perigo Amarelo（黄禍論）』を刊行 |
| 2011年 | ダヴィ・レアル監督がドキュメンタリー映画『Perigo Amarelo – o lado B da imigracao japonesa（黄禍論－日本移民の裏面）』発表（自主制作） |
| 2012年 | 映画『汚れた心』が日伯で一般公開 |
| 2012年 | 奥原マリオ純監督がドキュメンタリー映画『闇の一日』を発表（自主制作、ネット無料公開） |
| 2013年10月10日 | 真相究明委員会のサンパウロ州小委員会が公聴会を開催し、日本移民迫害に謝罪 |
| 2014年5月31日 | 真相究明委員会サンパウロ州小委員会がツッパン市議会で公聴会（第9章に詳細） |
| 2016年11月4日 | グアルーリョス連邦地裁の第一審は、佐藤澄雄（1950年にテロリストとしてDOPSに逮捕され、3年7カ月拘留された）の件に関し、不当逮捕でテロリストではなかったことを認定し、賠償金支払いを命じた |

## 著者略歴

深沢　正雪（ふかさわ　まさゆき）

1965年、静岡県沼津生まれ。三重大学卒業後、ブラジル邦字新聞の研修記者を経て、群馬県大泉町でブラジル人と共に働いた体験を「パラレルワールド」(潮出版）として出版。潮ノンフィクション賞を受賞。
2001年、サンパウロの「ニッケイ新聞」入社。
2004年から同紙編集長として現在に至る。
2014年『一粒の米もし死なずば』（無明舎出版）

「ニッケイ新聞」

終戦直後の勝ち組負け組抗争のさなか、「正しい情報を伝えたい」との思いから、1947年に創刊された「パウリスタ新聞」と、その２年後に分派して創立された「日伯毎日新聞」の両紙が1998年に合併、「ニッケイ新聞」（高木ラウル社長）と名前を変えた。本社はサンパウロにあり、週５回発行の日本語日刊紙（平均８頁）。公称発行部数は１万部。

「勝ち組」異聞
——ブラジル日系社会の戦後70年——

発行日　2017年３月10日　初版
定　価　〔本体1800円＋税〕
著　者　深沢　正雪
発行者　安倍　甲
発行所　㈲無明舎出版
秋田市広面字川崎112-1
電話（018）832-5680
FAX（018）832-5137
印刷・製本　シナノ印刷

※落丁・乱丁本はお取り替えいたします。

ISBN978-4-89544-624-2

中隅哲郎著
## ブラジル日系社会考
四六判・三二〇頁
定価二八〇〇円＋税
日本語を母語とする一世の激減で一つの時代がおわりを告げようとしているブラジル日系社会。その移民社会の過去・現在・未来を新資料を駆使したエッセイで綴る複眼読本。

醍醐麻沙夫著
## 超積乱雲　アマゾン日本移民の昭和史
四六判・五六七頁
定価二八〇〇円＋税
アマゾン川を舞台に、昭和の日本人移民の喜怒哀楽を壮大なスケールで描いた１３００枚に及ぶ大河小説。ブラジル移民１００周年記念出版。

半田知雄著
## ブラジル移民の生活
Ｂ一二切・一一四頁
定価五〇〇〇円＋税
画家であり自らブラジル移民生活者でもある著者によって、描かれた。三六点のカラー原画と七〇余点のカット、文章で綴る壮大な移民絵巻

サンパウロ人文学研究所著
## ブラジル日本移民史年表
Ｂ５変型・三七〇頁
定価六八〇〇円＋税
日伯修好百周年を記念して二〇年ぶりに全面改訂、補筆されて登場した初の日本国内版。日本移民の足跡を克明にたどる超一級の近代歴史資料。

堤　剛太著
## アマゾンのほほん熱風録
四六判・二七三頁
定価一六〇〇円＋税
ワニもインディオもジャングルも登場しない日系人のアマゾン暮らし。「一人で来たブラジルだけど、今は五人。俺が我が家のルールとはくすぐったくなるな」